梁啓超 著

飲冰室合集

專集

第二十一册

中華書局

飲冰室專集之九十五（下）

桃花扇註（下）

第二十一齣　孤吟

北極諸陵黯落暉。
南朝海水照青衣。
都來寫入霓裳裏。
彈向空園雪亂飛。
——鄧孝威詩。

春從柳永詞中老。
秋入蘭成賦裏哀。
——沈桐莊。

題板橋雜記。

歎西風峭緊暮林凋。

把江山幾番吹老.
黃花逢臥病.
斗酒讀離騷.
那舊壘新巢.
斜陽外.
知多少.

——吳梅村.通天臺.
變調新水令.

時間　康熙甲子八月.
地點　北京太平園劇場.
人物　老贊禮——副末.
布景——幕外.

老贊禮(氈巾道袍上)

雨洗秋街不動塵.
青山紅樹滿城新.
誰家賸有閒金粉.

撒與歌樓照鏡人。——（天下樂）
老客無家戀。
名園杯自勸。
朝朝賀太平。
看演桃花扇。
內（問）老相公又往太平園。看演桃花扇麼。
贊 正是。
內（問）昨日看完上本。演的何如。
贊 演的快意。演的傷心。無端笑哈哈。不覺淚紛紛。司馬遷作史筆。東方朔上場人。只怕
世事含黏八九件。
人情遮蓋兩三分。
（行唱介）
流光箭緊。
正柳林蟬噪。

荷沼香噴.
輕衫涼笠.
行到水邊人困.
西窗乍驚連夜雨.
北里重消一枕魂.
梧桐院.
砧杵村.
青苔蟲語不堪聞.
閒攜杖.
漫出門.
宮槐滿路葉紛紛.——（甘州歌）
雞皮瘦損.
看飽經霜雪.
絲鬢如銀.

傷秋扶病.
偏帶旅愁客悶.
歡場那知還賸我.
老境翻嫌多此身.
兒孫累.
名利奔.
一般流水付行雲.
諸侯怒.
丞相嗔.
無邊衰草對斜曛.
——（甘州歌）
望春不見春.
想漢宮圖畫.
風飄灰燼.
棋枰客散.

黑白勝負難分.南朝古寺王謝墳.江上殘山花柳陣.人不見.煙已昏.擊筑彈鋏與誰論.黃塵變.紅日滾.一篇詩話易沈淪.難尋吳宮舊舞茵.問開元遺事.白頭人盡.云亭詞客.閣筆幾度酸辛.

——(換頭甘州歌)

聲傳皓齒曲未終.
淚滴紅盤蠟已寸.
袍笏樣.
墨粉痕.
一番妝點一番新.
文章假.
功業諢.
逢場只合酒沾脣.——（換頭甘州歌）
老不羞.
偏風韻.
偷將拄杖撥紅裙.
那管他
扇底桃花解笑人.——（餘文）
當年眞是戲.

今日戲如眞．
兩度旁觀者．
天留冷眼人．

那馬士英又早登場．列位請看．

（拱下）

第二十一齣　媚座

名園山水清音美．
又何用絲竹隨．

★

半放紅梅．
只少韋娘一曲催．
——本詞．

★　★　★

時間　明崇禎十七年甲申十月．
地點　南京馬士英私邸．

人物　馬士英——淨
長班——外。
楊文驄——末。
阮大鋮——副淨。
二价——雜。
布景　馬士英私邸梅花書屋。
備用物　茶杯。茶盤。桌席三。酒壺。酒杯。客單。賞封。

馬士英（冠帶上）

調和鼎鼐費心機。
別戶分門恩濟威。
鑽火燃寒灰。
這爕理陰陽非細。——（菊花新）

下官馬士英。官居首輔。權握中樞。天子無爲。從他閉目拱手。相公養體。儘咱吐氣揚眉。那朱紫半朝。只不過呼朋引黨。這經綸滿腹。也無非報怨施恩。人都說養馬成羣。滾塵不定。他怎知立君由我。殺人何妨（笑介）這幾日太平無事。

長班　又且早放紅梅。設席萬玉園中。會些親戚故舊。但看他趨奉之多。越顯俺尊榮之至。人生行樂耳。須富貴此時。（喫介）長班。今日下的是那幾位請帖。

長班　都是老爺同鄉。有兵部主事楊文驄。僉都御史越其杰。新推漕撫田仰。光祿寺卿阮大鋮。這幾位老爺。

馬（疑介）那阮大鋮不是同鄉呀。

長班　他常對人說是老爺至親。

馬（笑介）相與不同。也算的箇至親了。（吩咐介）今日不是外客。就在這梅花書屋設席蘇坐罷。

長班　是。

馬　天已過午。快去請客。

長班　不用去請。俱在門房候著哩。只傳他一聲。便齊齊進來了。（傳介）老爺有請。

楊阮（忙上）闍人片語千鈞重。相府重門萬里深。（進見足恭介）

馬　我道是誰。（向楊介）楊妹丈是咱內親。爲何也不竟進。

楊　如今親不敵貴了。

馬　說那裏話。（向阮介）圓老一向來熟了的爲何也等人傳。

阮　府體尊嚴．豈敢冒昧．
馬　這就見外了．
（讓馬台坐．打恭介．）
馬　吾輩得施爲．正好談花心底．蘭友瓜戚．門外不須倒屣．休疑．總是一班桃李．相逢處．每把臂傾盃．何必拘冠裳套禮．俺肯堂堂相府．賓從疎稀．——（好事近）

（茶到讓馬先取打恭介）
馬　今日天氣微寒。正宜小飲。
阮楊（打恭介）正是。
馬　纔下朝來。日已過午。晝短夜長。差了三箇時辰了。
阮楊（打恭介）是。是。皆老師相調燮之功也。
（喫茶完。讓馬先放茶杯打恭介。）
馬（問長班介）怎麼。越田二位還不見到。
長班　越老爺痔漏發了。早有辭帖。田老爺明日起身。打發家眷上船。夜間纔來辭行。
馬　罷了。吩咐排席。
（吹打排三席安坐介）
阮楊（謙恭告坐介）
（入坐飲介）
馬　朝罷袖香微。
換了輕裘朱履。

陽春十月。梅花早破紅蕊。南朝雅客。半間堂且說風流嘴。拚長宵讀畫評詩。歎吾黨知心有幾。——（泣顏回）

阮（問介）相府連日宴客。都是那幾位年翁。

馬　總是吾黨。但不如兩公風雅耳。

楊（問介）是誰。

馬（喚介）長班拏客單來看。

長班　客單在此。

阮（接看介）張孫振。袁弘勳。黃鼎。張捷。楊維垣。

楊　果然都是大有經濟的。

馬　箇箇是學生提拔。如今皆成大僚了。

阮（打恭介）晚生等已廢之員。還蒙起用。老相公爲國吐握。眞不啻周公矣。

馬　豈敢.(拱介)二位不比他人.明日囑託吏部.還要破格超陞.

楊(打恭介)

阮(跪介)多謝提拔.

馬(拉起介)

阮楊提攜.

鎩羽忽高飛.

劍出豐城獄底.

隨朝待漏.

猶如狗續貂尾.

華筵一飲.

出公門.

滿面春風起.

這恩榮錫袞封圭.

不比那登龍御李.(起介)——(泣顏回換頭)

（起介）

馬　撤了大席，安排小酌，我們促膝談心。

（設一席更衣圍坐介）

馬　也不再把盞了。

阮楊　豈敢重勞。

二价（獻賞封介）

馬（搖手介）不必不必。花間雅集，又無梨園，怎麽行這官席之禮。

阮　舍下小班，日日得閒，爲何不喚來承應。

馬　圓老見慣的，另請別客，借來領教罷。

妙部新奇，

見慣司空自品題。

阮　是是　名園山水清音美，

又何用絲竹隨。——（太平令）

楊（笑介）從來名花傾國，缺一不可。今日紅梅之下，梨園可省，倒少不了一聲曉風殘月哩。

半放紅梅。只少韋娘一曲催。

馬(大笑介)妹丈多情。竟要做箇蘇州刺史了。

蘇州刺史魂消矣。想一箇麗人陪。——(太平令)

這也容易。(吩咐介)叫長班傳幾名歌妓。快來伺候。

長班　稟老爺。要舊院的。要珠市的。(註一)

馬(向楊介)請教楊姑老爺。

楊　小弟物色已多。總無佳者。只有舊院李香君。新學牡丹亭倒還唱得出。

馬(吩咐介)長班快去喚來。

長班(應下)

阮(問楊介)前日田百源。用金三百。要娶做妾的。想是他了。

楊　正是。

馬(問楊介)爲何不娶去。

楊　可笑這箇獃了頭。要與侯朝宗守節。斷斷不從。俺往說數次。竟不下樓。令我

馬 掃興而回。
（怒介）有這大膽奴才。
不知開府爪牙威。
殺人如同虱蟣。
笑他命薄煙花鬼。
好一似蛾撲燈蕊。
阮 這都是侯朝宗教壞的。前番辱的晚生也不淺。
馬（大怒介）了不得。了不得。一位新任漕撫。拏銀三百。買不去一箇妓女。豈有此理。
難道是珍珠一斛。
偏不能換蛾眉。——（風入松）
阮 田漕臺是老師相的鄉親。被他羞辱。所關不小。
馬 正是。等他來時。自有處法。
長班（上）稟老爺。小人走到舊院。尋着香君。他推託有病。不肯下樓。
馬（尋思介）也罷。叫長班家人。拏着衣服財禮。竟去娶他。
不須月老幾番催。

一霎紅絲聯喜．
花花綵轎門前擠．
不少欠分毫茶禮．
莫管他鴇子肯不肯．竟將香君拉上轎子．今夜還送到田漕撫船上．
驚的他迷離似癡．
只當煙波上遇湘妃．

長班（急應下）
阮（喜介）妙．妙．這纔燥脾．
楊　天色太晚．我們告辭罷．
馬　正好快談．爲何就去．
阮　動勞久陪．晚生不安．
（俱起打恭介）
馬　還該遠送一步．
阮楊　不敢（連打三恭）
馬（先入內介）

阮　難得令舅老師相在鄉親面上。動此義舉。龍老也該去幫一幫。
楊　如何去幫。
阮　舊院是你熟遊之處。竟去拉下樓來。打發起身便了。
楊　也不可太難爲他。
阮　（怒介）這還便益了他。想起前番。就處死這奴才。難洩我恨。
當年舊恨重提起。
便折花損柳心無悔。
那侯朝宗空空梳櫳了一番。看
今日琵琶抱向阿誰。
阮　封侯夫壻幾時歸。
楊　獨守妝樓掩翠幃。
阮　不解巫山風力猛。
楊　三更即換雨雲衣。

（註一）板橋雜記云。『珠市在內橋傍曲巷逶迤。屋宇湫隘。然其中時有麗人。惜限於地。不敢與舊院頡頏。』

第二十二齣　守樓

『離別沈吟幾回顧
遊絲夢斷花枝悟
翻笑行人怨落花
從前總被春風誤』

時間　明崇禎十七年甲申十月。

地點　南京秦淮河舊院媚香樓。

人物　長班——外、小生。
楊龍友。——末
衆雜。
保兒。——雜。
李貞麗。——小旦
李香君。——旦

布景　幕外

備用物　內閣燈籠二。衣包。銀封。綵轎。

長班（拏內閣鐙籠衣銀跟轎上）

天上從無差月老。

人間竟有錯花星。

長班　我們奉老爺之命。硬娶香君。只得快走。

長班　舊院李家母子兩個。知他誰是香君。

楊龍友（急上呼介）轉來同我去罷。

外（見介）楊姑老爺肯去。定娶不錯了。

（同行介）月照清溪水。

霜沾長板橋。

來此已是。快快叫門。（叫門介）

保兒（上）纔關後門。　又開前庭。

迎官接客。　卑職驛丞。

（問介）那箇叫門。

外　快開門來。

保兒（開門驚介）呵呀。鐙籠火把。轎馬人夫。楊老爺來誇官了。

楊　哇。快喚貞娘出來。

保兒（大叫介）媽媽出來．楊老爺到門了．

李貞麗（急上問介）老爺從那裏赴席回來麼．

楊　適在馬舅爺相府．特來報喜．

麗　有什麼喜．

楊　有箇大老官來娶你令嬡哩．（指介）你看這綵轎青衣門外催．你看這三百花銀．一套繡衣．

麗（驚介）是那家來娶．怎不早說．

楊　你看鐙籠大字成雙對．是中堂閣內．

麗　就是內閣老爺自己娶麼．

楊　非也．漕撫田公．同鄉至戚．

贈箇佳人捧玉杯．——（漁家傲）

麗　田家親事．久已回斷．如何又來歪纏．
小生（拏銀交介）你就是香君麼．請受財禮．
麗　待我進去商量．
外　相府要人．還等你商量．快快放了銀子．出來上轎罷．
楊　他怎敢不去．你們在外伺候．待我拏銀進去．催他梳洗．
（楊接銀保兒接衣同麗作進介）
小生外　我們且尋箇老表子燥脾去．（俱暫下）
（麗楊保兒作上樓介）（幕開）
布景二　李香君妝樓．
備用物　詩扇．繡衣．梳．包頭．血點扇．
楊（喚介）香君睡下不曾．
李香君（上）有甚緊事．一片吵鬧．
麗　你還不知麼．
香（見楊介）想是楊老爺要來聽歌．
麗　還說什麼歌不歌哩．

忙忙的來交聘禮．
兇兇的强奪歌妓．
對著面．一時難迴避．
執著名．別人誰替．

香（驚介）讒殺奴也．又是那箇天殺的．

麗　還是田仰．又借著相府的勢力．硬來娶你．

堪悲．——
青樓薄命．
一霎時楊花亂吹．——（剔銀鐙）

麗（向楊介）楊老爺從來疼俺母子．爲何下這毒手．

楊　不干我事．那馬瑤草知你拒絕田仰．動了大怒．差一班惡僕登門强娶．下官怕你受氣．特爲護你而來．

麗　這等多謝了．還求老爺始終救解．

楊　依我說三百財禮．也不算喫虧．香君嫁箇漕撫．也不算失所．你有多大本事．能敵他兩家勢力．

麗（思介）楊老爺說的有理。看這局面。拗不去了。孩兒趁早收拾下樓罷。

香（怒介）媽媽說那裏話來。當日楊老爺作媒。媽媽主婚。把奴嫁與侯郎。滿堂賓客。誰沒看見。現收著定盟之物。（急向內取出扇介）這首定情詩。楊老爺都看過。難道忘了不成。

案齊眉。
他是我終身倚。
盟誓怎移。
宮紗扇。現有詩題。
萬種恩情。
一夜夫妻。

楊 那侯郎避禍逃走。不知去向。設若三年不歸。你也只顧等他麼。

香 便等他三年。便等他十年。便等他一百年。只不嫁田仰。

楊 呵呀。好性氣。又像摘翠脫衣罵阮圓海的那番光景了。

香 可又來。阮田同是魏黨。阮家妝奩尚且不受。到去跟着田仰麼。

（內喊介）夜已深了。快些上轎。還要趕到船上去哩。

麗（勸介）儍丫頭．嫁到田府．少不了你們喫穿哩．
香　呸．我立志守節．豈在溫飽．
　　忍寒飢．
　　決不下這翠樓梯．——（攤破錦地花）
麗　事到今日．也顧不的他了．（叫介）楊老爺放下財禮．大家幫他梳頭穿衣．
（麗替梳頭楊替穿衣介）
香（持扇前後亂打介）
楊　好利害．一柄詩扇．倒像一把防身的利劍．
麗　草草妝完．抱他下樓罷．
楊（抱介）
香（哭介）奴家就死不下此樓．（倒地撞頭暈臥介）
麗（驚介）阿呀．我兒甦醒．竟把花容．磞了箇稀爛．
楊（拾扇介）你看血噴滿地．連這詩扇都濺壞了．（拾扇付保兒介）
麗（喚介）保兒．扶起香君．且到臥房安歇罷．
保兒（扶香下）

（內喊介）夜已三更了。誆去銀子。不打發上轎。我們要上樓拏人哩。

楊（向樓下介）管家。略等一等。他母子難捨。其實可憐的。

麗（急介）孩兒磞壞。外邊聲聲要人。這怎麼處。

楊　那宰相勢力。你是知道的。這番羞了他去。你母子不要性命了。

麗（怕介）求楊老爺救俺則箇。

楊　沒奈何。且尋箇權宜之法罷。

麗　有何權宜之法。

楊　娼家從良。原是好事。況且嫁與田府。不少喫穿。香君既沒造化。你倒替他享受去罷。

麗（急介）這斷不能。一時一霎。叫我如何捨的。

楊（怒介）明日早來拏人。看你捨得捨不得。

麗（呆介）也罷。叫香君守著樓。我去走一遭兒。（想介）不好。不好。只怕有人認的。

楊　我說你是香君。誰能辨別。

麗　既是這等。少不得又妝新人了。（忙打扮完介）（向內叫介）香君我兒。好好將息。我替你去了。（又囑介）三百兩銀子。替我收好。不要花費了。

楊（扶麗下樓介）

麗　下樓下樓三更夜．紅鐙滿路輝．出戶出戶寒風起．看花未必歸．

小生外（打鐙擡轎上）好好．新人出來了．快請上轎．

麗（別楊介）別過楊老爺罷．

楊　前途保重．後會有期．

麗　楊老爺今晚且宿院中．照管孩兒．

楊　自然．

麗（上轎介）

蕭郎從此路人窺．侯門再出豈容易．

（行介）

捨了笙歌隊．

今夜伴阿誰。——（麻婆子）

（俱下）

楊（笑介）貞娘從良。香君守節。雪了阮兄之恨。全了馬舅之威。將李代桃。一舉四得。倒也是箇妙計。（嘆介）只是母子分別。未免傷心。

匆匆夜去替蛾眉。
一曲歌同易水悲。
燕子樓中人臥病。
鐙昏被冷有誰知。

第二十三齣　寄扇

相思莫寫上楊花。
恐被風吹。
愁起滿天涯。
虞美人。
李香君詞。

時間　明崇禎十七年甲申十一月.

地點　南京秦淮河舊院媚香樓.

人物　李香君——旦

楊龍友——末

蘇崑生——淨

布景　李香君妝樓.戶掛鸚鵡.枕畔睡狸貓.門前桃花盛開.

備用物　血點扇.畫盞.畫筆.桃花扇.手帕.頭繩.

李香君(包帕病容上)

寒風料峭透冰綃.

香爐嬾去燒.

血痕一縷在眉梢.

胭脂紅讓嬌.

★　★　★　★

孤影怯.

弱魂飄.

春絲命一條.

滿樓霜月夜迢迢.

天明恨不消.——（醉桃源）

（坐介）奴家香君.一時無奈.用了苦肉之計.得遂全身之節.只是孤影隻身.臥病空樓.冷帳寒衾.無人作伴.好生淒涼.

凍雲殘雪阻長橋.

閉紅樓冶遊人少.

闌干低雁字.

簾幙掛冰條.

炭冷香消.

人瘦晚風峭.——（北新水令）

奴家雖在青樓.那些花月歡場.從今罷却了.

繡戶蕭蕭.

鸚鵡呼茶聲自巧.

香閨悄悄.

雪裡偎伴枕睡偏牢．
榴裙裂破舞風腰．
鸞韡剪碎淩波韈．
愁多病轉饒．
這妝樓再不許風情鬧．——（駐馬聽）
想起侯郎．匆匆避禍．不知流落何所．怎知奴家獨住空樓．替他守節也．（起唱介．）
記得一霎時嬌歌興掃．
半夜裏濃雨情拋．
從桃葉渡頭尋．
向燕子磯邊找．
亂雲山風高雁杳．
那知道梅開有信．
人去越遙．

凭欄凝眺.
盈盈秋水.酸風凍了.——（沉醉東風）
可恨惡僕盈門.硬來娶俺.俺怎肯負了侯郎.
欺負俺賤煙花薄命飄颻.
倚著那丞相府忒驕傲.
得保住這無瑕白玉身.
免不得揉碎如花貌.——（鴈兒落）
最可憐媽媽替奴當災.飄然竟去.（指介）你看牀榻依然.歸來何日.
恰便似桃片逐雪濤.
柳絮兒隨風飄.
袖掩春風面.
黃昏出漢朝.
蕭條——
滿被塵無人掃.

寂寥——

花開了．獨自瞧．——（得勝令）

說到這裏．不覺一陣傷心．（掩淚坐介）

這肝腸似攪．

淚點兒滴多少．

也沒箇姊妹閒相邀．

聽那掛簾櫳的鉤自敲．——（喬牌兒）

獨坐無聊．不免取出侯郎詩扇展看一回．（取扇介）嗳呼．都被血點兒汚壞了．這怎麼處．

你看疏疏密密．

濃濃淡淡．

鮮血亂蘸．

不是杜鵑拋．

是臉上桃花

做紅雨兒飛落.

一點點濺上冰綃.——(甜水令)

侯郎.侯郎.這都是爲你來.

叫奴家揉開雲髻.

折損宮腰.

睡昏昏似妃葬坡平.

血淋淋.似妾墮樓高.

怕旁人呼號.

捨著俺軟丟答的魂靈沒人招.

銀鏡裏朱霞殘照.

鴛枕上紅淚春潮.

恨在心苗.

愁在眉梢.

洗了胭脂.

涴了鮫綃。——（折挂令）

一時困倦起來。且在妝臺盹睡片時。（壓扇睡介）

楊文驄（便服上）認得紅樓水面斜。一行衰柳帶殘鴉。

蘇崑生（上）銀箏象板佳人院。風雪今同處士家。

楊（回頭見介）呀。蘇崑老也來了。

蘇　貞娘從良。香君獨住。放心不下。故此常來走走。

楊　下官自那晚打發貞麗起身。守了香君一夜。這幾日衙門有事。不得脫身。方纔城東拜客。便道一瞧。

（入介）

蘇　香君不肯下樓。我們上去一談罷。

楊　甚好。

（登樓介）

楊　你看香君抑鬱病損。困睡妝臺。且不必喚他。

蘇（看介）這柄扇兒展在面前．怎麼有許多紅點兒．
楊 此乃侯兄定情之物．一向珍藏不肯示人．想因面血濺污．晾在此間．（抽扇看介）幾點血痕．紅豔非常．不免添些枝葉．替他點綴起來．（想介）沒有綠色怎好．
蘇 待我採摘盆草．扭取鮮汁．權當顏色罷．
楊 妙極．
蘇（取草汁上）
楊（畫介）葉分芳草綠．花借美人紅．
（畫完介）
蘇（看喜介）妙妙．竟是幾筆折枝桃花．
楊（大笑指介）眞乃桃花扇也．
香（驚醒見介）楊老爺蘇師父都來了．奴家得罪．（讓坐介）
楊 幾日不曾來看．額角傷痕．漸已平復了．（笑介）下官有畫扇一柄．奉贈妝臺．（付香扇介）
香（接看介）這是奴的舊扇．血跡腌臢．看他怎的．（入袖介）

蘇　扇頭妙染．怎不賞鑑．

香　幾時畫的．

楊　得罪．得罪．方纔點壞了．

香(看扇嘆介)咳．桃花薄命．扇底飄零．多謝楊老爺替奴寫照了．

一朵朵傷情——

春風懶笑．

一片片消魂——

流水愁漂．

摘下的嬌色——

天然蘸好．

便妙手徐熙．

怎能畫到．

櫻唇上調朱．

蓮腮上臨稿．

寫意兒幾筆紅桃．補襯些翠枝青葉．分外夭夭．薄命人——寫了一幅桃花照．——（錦上花）

楊　你看這柄桃花扇．少不得箇顧曲周郎．難道青春守寡．竟做箇入月嫦娥不成．

香　說那裏話．那關盼盼也是煙花．何嘗不在燕子樓中．關門到老．

蘇　明日侯郎重到．你也不下樓麼．

香　那時錦片前程．儘俺受用．何處不許遊要．豈但下樓．

楊　香君這段苦節．今世少有．（向蘇介）崑老看師弟之情．尋著侯郎．將他送去．也省俺一番懸掛．

蘇　是是．一向留心訪問．知他隨任史公．住淮半載．自淮來京．自京到揚．今日又同著高兵防河去了．晚生不日還鄉．順便找尋．（向香介）須得香君一書纔好．

香（向楊介）奴家言不成文．求楊老爺代寫罷．
楊　你的心事．叫俺如何寫的出．
香（尋思介）罷．罷．奴的千愁萬苦．俱在扇頭．就把這扇兒寄去罷．
蘇（喜介）這封家書．倒也新樣．
香　待奴封他起來．（封扇介）

揮灑銀毫．
舊句他知道．
點染紅么．知道．
新畫你收着．
便面小．
血心腸一萬條．
手帕兒包．
頭繩兒繞．
抵過錦字書多少．——（碧玉簫）

蘇（接扇介）待我收好了。替你寄去。

香　師父幾時起身。

蘇　不日束裝了。

香　只望早行一步。

蘇　曉得。

楊　我們下樓罷。（向香介）香君保重。你這段苦節。說與侯郎。自然來娶你的。

蘇　我也不再來別了。正是。

新書遠寄桃花扇。

楊　舊院常關燕子樓。

（下）

香（掩淚介）媽媽不歸。師父又去。妝樓獨閉。益發悽涼了。

鶯喉歇了南北套。

冰絃住了陳隋調。

脣底罷吹簫。

笛兒丟。

笙兒壞.
板兒掠.
只願扇兒寄去的速.
師父束裝得早.
三月三劉郎到了.
攜手兒下妝樓.
桃花粥喫箇飽.——(鴛鴦煞)
書到梁園雪未消.
青谿一道阻春潮.
桃根桃葉無人問.
丁字簾前是斷橋.

第二十四齣 罵筵

俺做個女禰衡.

撾漁陽.
聲聲駡.
看他懂不懂.
——本詞.

時間　明福王二年正月初八日.
地點　南京.
人物　阮大鋮——副淨.
卞玉京——老旦.
丁繼之——副淨.
沈公憲——外.
張燕筑——淨.
寇白門——小旦.
鄭妥娘——丑.
差役——雜.
李香君——旦.
馬士英——淨。

楊文驄——末.

從人——外. 小生.

布景一 阮大鋮私邸賞心亭.

阮大鋮(吉服上)

風流代.
又遭逢.
六朝金粉樣.
我偏通.
正管領煙花.
銜名供奉.
簇新新帽烏襯袍紅.
皁皮靴綠縫.
皁皮靴綠縫.——(縷縷金)

(笑介)我阮大鋮.虧了貴陽相公.破格提挈.又取在內庭供奉.今日到任回

來。好不榮耀。且喜今上性喜文墨。把王鐸（註一）補了內閣大學士。錢謙益（註二）補了禮部尚書。區區不才。同在文學侍從之班。天顏日近。知無不言。前日進了四種傳奇。聖上大悅。立刻傳旨。命禮部採選宮人。要將燕子箋被之歌聲。爲中興一代之樂。我想這本傳奇。精深奧妙。倘被俗手教壞。豈不損我文名。因而乘機啓奏。生口不如熟口。清客强似教手。聖上從諫如流。就命廣搜舊院大羅秦淮。拏了清客妓女數十餘人。交與禮部揀選。前日驗他色藝。都只平常。還有幾箇有名的。都是楊龍友舊友。求請免選。下官只得勾去。昨見貴陽相公說道。教演新戲。是聖上心事。難道不選好的。倒選壞的不成。只得又去傳他。尚未到來。今乃乙酉新年。人日佳節。下官約同龍友。移樽賞心亭。邀俺貴陽師相飲酒看雪。早已吩咐把新選的妓女。帶到席前驗看。正是花柳笙歌隋事業。談諧裙屐晉風流（下）

卞玉京（道妝背包急上）

家住蕊珠宮。
恨無端業海風。
把人輕向煙花送。

喉尖唱腫．裙腰舞鬆．一生魂在巫山洞．俺卞玉京．今日爲何這般打扮．只因朝廷搜拏歌妓．逼俺斷了塵心．（註三）昨已別過姊妹．換上道妝．飄然出院．但不知那裏好去投師．望城東雲山滿眼．仙界路無窮．（黃鶯兒）

（飄颻下）

丁繼之、沈公憲、張燕筑、（上）

丁　正把秦淮簫弄．看名花好月．亂上簾櫳．鳳紙僉名喚樂工．南朝天子春心動．

沈 我丁繼之.年過六旬.歌板久抛.前日託過楊老爺.免我前往.怎的今日又傳起來了.

張 俺兩個也都是免過的.不知又傳.有何話說.

丁（拱介）兩位老弟.大家商量.我們一班淸客.感動皇爺.召去敎歌.也不是容易的.

沈張 正是.

丁 二位青年上進.該去走走.我老漢多病年衰.也不望甚麼際遇了.今日我要躱過.求二位遮蓋一二.

沈 這有何妨.太公釣魚.願者上鉤.

張 是.是.難道你犯了王法.定要拏去審問不成.

丁 既然如此.我老漢就回去了.（回行介）

急忙回首.
青青遠峯.
逍遙尋路.
森森亂松.

（頓足介）若不離了塵埃.怎能免得牽絆.（袖出道巾黃絛換介.）（轉頭呼介.

）二位看俺打扮罷。

道人醒了揚州夢。(註四)（皁羅袍）（搖擺下）

沈　咦。他竟出家去了。好很心也。

張　我們且坐廊下曬暖。待他姊妹到來。同去禮部過堂（坐地介。）

寇白門、鄭妥娘（上）（差役跟上）

寇　桃片隨風不結子。

鄭　柳綿浮水又成萍。（望介）你看老沈老張不約俺一聲兒。先到廊下向暖。我們走去。打他個耳刮子。（作見諢介）

沈（問差役介）又傳我們到那裏去。

差役　傳你們到禮部過堂。送入內庭敎戲。

沈　前日免過俺們了。

差役　內閣大老爺不依。定要借重你們幾個老清客哩。

張　是那幾個。

差役　待我瞧瞧票子。（取票看介）丁繼之。沈公憲。張燕筑。（問介）那個姓丁的如何不見。

沈　他出家去了。

差役　既出了家．沒處尋他．待我回官罷．（向張沈介）你們到了的．竟往禮部過堂去．
張　等他姊妹們到齊著．
差役　今日老爺們秦淮賞雪．吩咐帶着女客．席上驗看哩．
沈張　既是這等．我們先去了．正是傳歌留樂府．擫笛傍宮牆．（下）
差役（看票問寇介）你是寇白門麼．
寇　是．
差役（問鄭介）你是卞玉京麼．
鄭　不是．我是老妥．
差役　是鄭妥娘了．（問介）那卞玉京呢．
鄭　他出家去了．
差役　咦．怎麼出家的都配成對兒．（問介）後邊還有個脚小走不上來的．想是李貞麗了．
寇　不是．李貞麗從良去了．
差役　我方才拉他下樓．他說是李貞麗．怎的又不是．
鄭　想是他女兒．頂名替來的．

差役　母子總是一般．只少不了數兒就好了．(望介)他早趕上來也．
李香君　下紅樓殘臘雪濃．
過紫陌早春泥凍．
不慣行走．
脚兒十分痛．
傳鳳詔．
選蛾眉．
把絲鞭．
騎驕馬．
催花使亂擁．——(忒忒令)
奴家香君．被捉下樓．叫去學歌．是俺烟花本等．只有這點志氣．就死不磨．
差役(喊介)快些走動．
香(到介)
寇　你也下樓了．屈尊屈尊．

鄭　我們造化。就得伏侍皇帝了。

香　情願奉讓罷。（同行介）

布景三　阮大鋮私邸賞心亭。

備物　雪薹軸。桌席二。茶酒鑪。茶酒壺。

差役　前面是賞心亭了。內閣馬老爺。光祿阮老爺。兵部楊老爺。少刻即到。你們各人整理伺候。（同寇鄭下）

香（私語介）難得他們湊來一處。正好吐俺胸中之氣。

趙文華陪著嚴嵩。

抹粉臉席前趨奉。

醜腔惡態。

演出眞鳴鳳。

俺做箇女禰衡。

撾漁陽。

聲聲駡。

看他懂不懂——（忒忒令）

馬士英、阮大鋮、楊文驄、從人（喝道上）

香（避下）

阮　瓊瑤樓閣朱微抹。

楊　金碧峯巒粉細勾。

馬　好一派雪景也。

阮　這座賞心亭原是看雪之所。

馬　怎麼原是看雪之所。

阮　宋眞宗曾出周昉雪圖賜與丁謂。說道卿到金陵。可選一絕景處張之。因建此亭。

馬（看壁介）這壁上單條。想是周昉雪圖了。

楊　非也。這是畫友藍瑛新來見贈的。

馬　妙妙。你看雪壓鍾山正對圖畫。賞心勝地。無過此亭矣。

楊（吩咐介）就把鑪榼遊具擺設起來。

（從人設席坐介）

阮（向馬介）荒亭艸具。恃愛高攀。着實得罪了。

馬　說那裏話．可笑一班小人．奉承權貴．費千金盛設．做十分醜態．一無所取．徒傳笑柄．

阮　晚生今日掃雪烹茶．清談攀敎．顯得老師相高量雅懷．晚生輩也免了幾筆粉抹．

馬　呵呀．那戲場粉筆．最是利害．一抹上臉．再洗不掉．雖有孝子慈孫．都不肯認做祖父的．

楊　雖然利害．卻也公道．原以儆戒無忌憚之小人．非爲我輩而設．

馬　據學生看來．都喫了奉承的虧．

楊　爲何．

馬　你看前輩分宜相公嚴嵩．何嘗不是一個文人．現今鳴鳳記（註五）裏抹了花臉．着實醜看．豈非趙文華輩奉承壞了．

阮（打恭介）是是．老師相是不喜奉承的．晚生惟有心悅誠服而已．

楊　請酒（同舉杯介）

阮（問從人介）選的妓女．可曾叫到了嗎．

從人（禀介）叫到了．

差役（領妓女叩頭介．）

馬（細看介。）（吩咐介。）今日雅集。用不著他們。叫他禮部過堂去罷。
阮　特令到此伺候酒席的。
馬　留下那個年小的罷。（衆下）
馬（問介）他喚什麼名字。
差役（禀介）李貞麗。
馬（笑介）麗而未必貞也。（笑向阮介）我們扮過陶學士了。再扮一折黨太尉如何。
阮　妙。妙。（喚介）貞麗過來斟酒唱曲。
香（搖頭介）
馬　如何搖頭。
李　不會。
馬　呵呀。樣樣不會。怎稱名妓。
香　原非名妓。（掩淚介。）
馬　你有甚心事。容你說來。
香　妾的心中事亂似蓬。
　　幾番要向君王控。
拆散夫妻驚魂迸。

割開母子鮮血湧．
比那流賊還猛．
做啞裝聾．
罵著不知惶恐．——（江兒水）

馬阮楊香
原來有這些心事．
這個女子．卻也苦了．
今日老爺們在此行樂．不必只是訴寃了．
楊老爺知道的．奴家寃苦．也值當不的一訴．

堂堂列公．
半邊南朝．
望你峥嶸．
出身希貴寵．
創業選聲容．
後庭花又添幾種．

把俺胡撮弄．
對寒風雪海冰山．
苦陪觴詠．——（五供養）

馬（怒介）哇．妮子胡言亂道．該打觜了．
阮 聞得李貞麗．原是張天如、夏彝仲輩品題之妓．自然是放肆的．該打該打．
楊 看他年紀甚小．未必是那個李貞麗．
香（恨介）便是他待怎的．

東林伯仲．
俺青樓皆知敬重．
乾兒義子從新用．
絕不了魏家種．

阮 好大膽．罵的是那個．快快採去丟在雪中．
從（採香推倒介）

冰肌雪腸原自同．

鐵心石腹何愁凍。

阮　這奴才。當著内閣大老爺。這般放肆。叫我們都開罪了。可恨可恨。（下席踢李介）

楊（起拉介）罷罷。這樣奴才。何難處死。只怕妨了俺宰相之度。

馬　是。是。丞相之尊。娼女之賤。天地懸絶。何足介意。

楊　也罷。啓過老師相。送入内庭。揀著極苦脚色。叫他去當。

阮　這也該的。

馬　著人拉去罷。

楊

差役（拉香介）

香　奴家已拚一死。

吐不盡鵑血滿胸。

吐不盡鵑血滿胸。——（玉交枝）

（拉香下。）

馬　好好一箇雅集。被這奴才攪亂壞了。可笑。可笑。

阮 楊（連三揖介）得罪。得罪。望乞海涵。另日竭誠罷。

馬 　興盡且回春雪棹。

阮 　客羞應斬美人頭。

馬阮從人喝道下

楊（吊場介）可笑。香君纔下樓來。偏撞兩個寃對。這場是非免不了的。若無下官遮蓋。香君性命也有些不妥哩。罷。罷。選入內庭。到也省了幾日懸挂。只是媚香樓無人看守。如何是好。（想介）有了。畫友藍瑛託俺尋寓。就接他暫住樓上。待香君出來。再作商量。

賞心亭上雪初融。煑鶴燒琴宴鉅公。
惱殺秦淮歌舞伴。不同西子入吳宮。

（註一）王鐸。字覺斯。孟津人。甲申八月補大學士。後降清。

（註二）錢謙益。字受之。號牧齋。常熟人。本東林老名士。初主張立潞王。圖擁戴功。福王立。轉媚馬阮。甲申六月補禮部尙書。後降清。

（註三）吳梅村聽女道士卞玉京彈琴歌云。『昨夜城頭吹篳篥。教坊也被傳呼急。碧玉班中怕點留。東營門外盧家泣。私更裝束出江邊。恰遇丹陽下水船。翦就黃絁貪入道。攜手緣綺詐嬋娟。』本齣叙玉京入道始末。本此。但梅村所謂「教坊傳呼。』似是清兵渡江後事。本書借用之於弘光時耳。

（註四）丁繼之出家事未聞。

（註五）鳴鳳記傳奇。王弇州撰。演楊繼盛劾嚴嵩事。

第二十五齣　選優

新詩細字寫冰紈。
小部君王帶笑看。
千古秦淮嗚咽水。
不應仍恨孔都官。
　王阮亭秦淮雜詠。

南朝天子一愁無。
石子岡連玄武湖。
草綠離宮人不見。
日長惟勅阮佃夫。
　無名氏臺城絕句。

時間　明崇禎十八年乙酉正月九日。
地點　南京薰風殿。

人物　沈公憲——外

張燕筑——淨

寇白門——小旦

鄭妥娘——丑

阮大鋮——副淨

弘光帝——小生

李香君——旦

四內監——雜

布景　正中懸薰風殿扁，兩旁懸聯書「萬事不如杯在手，百年幾見月當頭」款書東閣大學士臣王鐸奉勅書。（註一）

備用物　薰風殿額，對聯，果盒，酒壺，酒杯，十番樂器，宮扇，曲本。

沈公憲、張燕筑、寇白門、鄭妥娘。（同上）

沈　天子多情愛沈郎，

張　當年也是畫眉張。

寇　可憐一樹白門柳，

鄭　讓我風流鄭妥娘。

沈　我們被選入宮．伺候兩日．怎麼還不見動靜．
張（仰看介）此處是薰風殿．乃奏樂之所．聞得聖駕將到．選定脚色．就叫串戲哩．
沈　如何名薰風殿．
張　你不曉得琴曲裏有一句「南風之薰兮．」取這箇意思．
鄭　你們男風興頭．要我們女客何用．
寇　我們女客．得了寵眷．做箇大嬪妃．還强如他男風哩．
鄭　正是．他男風得了寵眷．到底是箇小兄弟．
張　好徒弟．闖及師父了．
沈　咱們掌了班時．不要饒他．
張　誰肯饒他．明日教動戲．叫老妥試試我的鼓槌子罷．
鄭（嗤笑指介）你老張的鼓槌子．我曾試過．沒相干的．
衆（笑介）
阮大鋮（冠帶上）
漢宮如畫．
春曉珠簾挂．

待粉蝶黃鶯兒打．
歌舞西施．
文章司馬．
斷混了紅袖烏紗．——（遶地游）
寇（見介）你們俱已在此．怎的不見李貞麗．
他從雪中一跌．至今忍痛．臥病在廊下哩．
阮聖駕將到．選定脚色．就要串戲．怎麼由得他的性兒．
衆是是．俺們拉他過來．
（同下）
阮（自語介）李貞麗這箇奴才．如此可惡．今日淨丑脚色．一定借重他了．
二內監（執龍扇前引弘光帝）二監（提壺捧盒隨上）
弘光
滿城煙樹問梁陳．
高下樓臺望不眞．
原是洛陽花裏客．
偏來管領秣陵春．

（坐介）寡人登極御宇。將近一年。幸虧四鎭阻擋。流賊不能南下。雖有叛臣倡議。欲立潞藩。昨已捕拏下獄。目今外侮不來。內患不生。正在采選淑女。冊立正宮。這也都算小事。只是朕獨享帝王之尊。無多聲色之奉。端居高拱。好不悶也。

阮（跪介）光祿寺卿臣阮大鋮恭請萬安。

弘光 平身。

阮（起介）

弘光 看陽春殘雪早花。蹙愁眉慵遊倦耍。

阮 聖上安享太平。正宜及時行樂。慵遊倦耍。却是爲何。

弘光 朕有一樁心事。料你也應曉得。

阮 想怕流賊南犯。

弘光 非也。阻隔著黃河雪浪。那怕他天漢浮槎。

阮　想愁兵弱糧少．

弘光　也不是．俺有那

鎮淮陰諸猛將．

轉江陵大糧艘．

有甚爭差．

阮　既不爲內外兵馬．想爲正宮未立．配德無人．

弘光　也不爲此．那禮部錢謙益采選淑女．不日冊立．（註二）

有三妃九嬪．

敎國宜家．

阮　又不爲此．臣曉得了．（私奏介）想因叛臣周鑣雷縯祚．倡造邪謀．欲迎立潞王耳．

弘光　益發說錯了．

那奸人倡言惑衆．

久已搜拏．——（掉角兒序）

阮（低頭沈吟介）却是爲何．

弘光　卿供奉內庭．乃朕心腹之臣．怎不曉得朕的心事．

阮（疑介）　聖慮高深．臣衷愚昧．其實不能窺測．伏望明白宣示．以便分憂．

弘光　朕諭你知道罷．朕貴爲天子．何求不遂．只因你所獻燕子箋．乃中興一代之樂．點綴太平第一要事．今日正月初九日．脚色尚未選定．萬一誤了燈節．豈不要惱．（指介）你看閣部王鐸書的對聯道．「萬事不如杯在手．百年幾見月當頭．」一年寧有幾箇元宵．故此日夜躊躇．飲膳俱減耳．

阮　原來爲此．巴里之曲．有廑聖懷．皆微臣之罪也．（叩頭介）臣敢不鞠躬盡瘁．以報主知．（起唱介）

忝卿僚塡詞辨過．

備供奉詼諧風雅．

恨不能腮描粉墨．

也情願懷抱琵琶．

但博得歌筵前垂一顧．

舞裀邊受寸賞．

御酒龍茶.
三生僥倖.
萬世榮華.
這便是爲臣經濟.
報主功閥.——（掉角兒序）
弘光（前問介）但不知內庭女樂.少何脚色.
別樣脚色.都還將就得過.只有生旦小丑不愜朕意.
阮　這也容易.禮部送到淸客歌妓.現在外廂.聽候揀選.
弘光　傳他進來.
阮　領旨.（急入領沈張香寇鄭上）
（俱跪介）
弘光（問沈張介）你二人是串戲淸客麼.
沈張　不敢.小民串戲爲生.
弘光　旣會串戲.新出傳奇也曾串過麼.
沈張　新出的牡丹亭、燕子箋、西樓記.都曾串過.

弘光　既會燕子箋．就做了內庭教習罷．

沈張（叩頭介）

弘光（問介）那三箇歌妓．也會燕子箋麼．

寇鄭　也曾學過．

弘光（喜介）益發妙了．（問香介）這箇年小的．怎不答應．

香　沒學．

阮（跪介）臣啓聖上．那兩箇學過的．例應派做生旦．這一箇沒學的．例應派做丑脚．

弘光　既有定例．依卿所奏．

寇鄭（叩頭介）

弘光　俱著起來．伺候串戲．

（俱起介）

鄭（背喜介）還是我老妥做了天下第一箇正旦．

弘光（問阮介）卿把燕子箋．摘出一曲．叫他串來．當面指點．

（沈張寇鄭隨意演燕子箋一曲）

阮（作態指點介）

弘光（喜介）有趣有趣．都是熟口．不愁扮演了．（喚介）長侍斟酒．慶賀三杯．

內監（進酒弘光飲介）

弘光（起介）我們君臣同樂。打一回十番何如。

阮　領旨。

弘光　寡人善於打鼓。你們各認樂器。

衆（打雨夾雪一套完介）

弘光（笑介）十分憂愁消去九分了（喚介）長侍斟酒。再慶三杯。

內監（進酒弘光飲介）

舊吳宮重開館娃。新揚州初教瘦馬。淮陽鼓崑山絃索。無錫口姑蘇嬌娃。一件件鬧春風吹烘響。醻晴煙。飄冷袖。宮女如麻。

紅樓翠殿．
景美天佳．
都奉俺無愁天子．
語笑喧譁．——（掉角兒序）
（看香介）那箇年小歌妓．美麗非常．派做丑脚．太屈他了．（問介）你這箇年小
歌妓．既沒學燕子箋．可曾學些別的麼．
香
學過牡丹亭．
弘光
這也好了．你便唱來．
香（羞不唱介）
弘光
看他粉面發紅．像是腼腆．賞他一柄桃花宮扇．遮掩春色．
內監（擲紅扇與香介）
香（持扇唱介）
『爲甚的玉眞重溯武陵源．
也則爲水點花飛在眼前．
是他天公不費買花錢．

則咱人心生有啼紅怨.
咳.
孤負了春三二月天.」——(嬾畫眉)(註三)

弘光(喜介)妙絕.妙絕.長侍斟酒.再進三杯.
內監(進酒.弘光飲介)
弘光(指介)看此歌妓.聲容俱佳.豈可長材短用.還派做正旦罷(指鄭介)那箇黑色的.倒該做丑脚.
阮　領旨.
鄭(撅觜介)我老妥又不妥了.
弘光(向阮介)你把生丑二脚.領去入班.就叫清客二名.用心教習.你也不時指點.
阮(跪應介)是.此乃微臣之專責.豈敢辭勞.(急領沈張寇鄭下)
弘光(向香介)你就在這薰風殿中.把燕子箋脚本三日念會.好去入班.
香　念會不難.只是沒有脚本.
弘光(喚介)長侍.你把王鐸鈔的楷字脚本.賞與此旦.
內監(取脚本付香跪接介)

弘光　千年只有歌場樂，萬事何須酒國愁。

內監（引下）

香（掩淚介）罷了，罷了，已入深宮，那有出頭之日。

鎖重門垂楊暮鴉，
映疏簾蒼松碧瓦，
涼颼颼風吹羅袖，
亂紛紛梅落宮鬟。
想起那拆鴛鴦離魂慘，
隔雲山，相思苦，
會期難拏，
倩人寄扇，
擦損桃花，
到今日情絲割斷。

芳草天涯。——(掉角兒序)

(嘆介)沒奈何。且去念去脚本。或者天恩見憐。放奴出宮。再會侯郎一面。亦未可知。

從此後入骨髓愁根難拔。

眞箇是廣寒宮姮娥守寡。

只這兩日呵

瘦損宮腰膸一把。——(尾聲)

曲終人散日西斜。

殿角淒涼自一家。

縱有春風無路入。

長門關住碧桃花。

(註一)此是實事。當時諸稗史多記之。

(註二)甲申六月初九日錢謙益起爲禮部尙書。同日。禮部卽奏請立中宮。詔以列聖先帝之讎未報。不許。十月。命於杭州選淑女。明年二月。命於嘉興紹興二府選淑女。四月。親選淑女於元輝殿。

（註三）牡丹亭尋夢曲文。

第二十六齣　賺將（註一）

須提防。
酒前茶後。
賴刀槍。
怎鬬雄雌。
——本書移防。

時間　明福王二年正月。
地點　睢州。
人物　侯朝宗——生。
高傑——副淨。
二將——淨、丑。
四卒——雜。
家將——外。
二將——末、小生。

兵卒——衆雜。

布景一　睢州高傑營帳內。

備用物　旗仗。印牌。

侯朝宗（上）

水驛山城烟靄。花村酒肆塵埋。百里白雲親舍近。不得斑衣效老萊。從軍心事乖。（破陣子）

小生侯方域奉史公之命。監軍防河。爭奈主將高傑。性氣乖張。將總兵許定國當面責罵。只恐挑起爭端。難於收救。不免到中軍帳內。勸諫一番。（入介）

高傑（上）一聲叱退黃河浪。兩手推開紫塞烟。（相見坐介）先生入帳。有何見教。

侯　小生千里相隨。只爲防河大事。今到睢州呵。

威名震。人人驚魄。

家家進移宅.

雞犬不留羣.

軍民少宵刻.

營中一嚇.

帳中一責.

敵國在蕭牆.

禍事恐難測.(註二)——(四邊靜)

高

那許定國擁兵十萬.誇勝爭強.昨日敎場點卯.一箇箇老弱不堪.欺君糜餉.本當軍法從事.責罵幾聲.也算從輕發落了.

侯

元帥差矣.

此時山河一半改.

倚著忠良帥

速奏凱.

收拾人心.

招納英材．
莫將釁端開．
成功業．
只在將和諧．——(福馬郎)

高　雖如此說．那許定國託病不來．倒請俺入城飲酒．總是十分懼怕了．俺看雎州城外．四面皆水．只有單橋小路．也是可守之邦．明日叫他讓出營房．留俺歇馬．他若依時便罷．若不依時．俺便奪他印牌．另委別將．卻也容易．

侯(搖手介)這事萬萬行不得．昨日教場一鬧．爭端一起．自古道强龍不壓地頭蛇．他在脣齒肘臂之間．早晚生心．如何防備．

高(指侯介)書生之見．益發可笑．俺高傑威名蓋世．便是黃劉三鎮．也拜下風．這許定國不過走狗小將．有何本領．俺倒防備起他來．

侯(打恭介)是．是．是．元帥既有高見．小生何用多言．就此辭歸．(註三)竟在鄉園中．打聽元帥喜信罷．

高(拱介)但憑尊意．

侯(冷笑拂袖下)

高（起喚介）叫左右．

二將（上）元帥呼喚．有何號令．

高　你二將各領數騎．隨我入城飲酒頑耍．這大營人馬．不許擅動．

二將　得令（即下．領四卒上）

高　就此前行．（騎馬遶場介）

南朝劃就黃河界．
東流把住白雲隘．
飛鳥不能來．
强弓何用買．

合　望荒城柳栽．
上危橋板壞．
按轡徐行．
軍容瀟灑．（划鍬兒）

（暫下）

家將（捧印牌上）殺人不用將軍印。奏凱全憑娘子軍。咱乃睢州許總兵的家將。俺總爺。被高傑一駡。嚇得水瀉不止。虧了夫人侯氏。有膽有謀。昨夜晝定計策差俺捧著牌印。前來送交。就請他進城筵宴。約定飲酒中間。放砲爲號。如此如此。這般這般。倒也是條妙計。只不知天意若何。好怕人也。（望介）遠望高傑前來。不免在橋頭跪接。

高傑（上）

家將（跪接介）

高（問介）你是何處差官。

家將　小的是總兵許定國家將。叩接元帥大老爺。

高　那許總兵爲何不接。

家將　許總兵臥病難起。特差小的送到牌印就請元帥爺進城筵宴。點查兵馬。

高　席設何處。

家將　設在察院公署。

高　左右收了牌印。

二將（收介）

高（笑介）妙。妙。牌印果然送到。明日安營歇馬。任俺區處也。（吩咐家將介）你便引馬前行。

家將（前引唱前合行介）

布景　察院署內。

備物　桌席。酒壺。酒杯。筯。菜碗。鐙籠。鼓吹。紙爆。刀。繩。火把。弓箭。首級。

家將（跪稟介）已到察院。請元帥爺入席。

高（下馬入坐介）（吩咐介）軍卒外面伺候。（向二將介。）你二將不同別個。便坐下席。陪俺歡樂。

二將（安放牌印叩頭介）告坐了。（就地列坐介）

（家將斟酒。高二將身旁各立一差役擺菜介）

家將　請酒。

高（怒介）這樣薄酒。拿來灌俺。（摔杯介）

家將（急換酒介）請菜。

高（怒介）這樣冷菜。如何下筯。（摔筯介）

家將（急換菜介）

高　今日正月初十。預賞元宵。怎的花燈優人。全不預備。

家將（跪稟介）稟元帥爺。這睢州偏僻之所。沒處買燈叫戲。且把衙門燈籠懸掛起來。軍

中鼓角吹打一通罷。(掛燈吹打介)

高(向二將介)我們多飲幾杯。

鎮河南。

威風大。

柳營列。

星旗擺。

鐙筵上。

鐙筵上。

將印兵牌。

二將(起奉高酒介)

行軍令。

酒似官差。

高(與二將猜拳介)

任譁拳叫采。

家將這八卦圖中新勢．只怕鬼谷難猜．——（普天樂）

二將 小的酒都有了．今日還要伺候元帥爺．點查兵馬哩．

高 天色已晚．明日點查罷．大家再飲幾杯．（又斟酒飲介）

內（放紙爆介）（兵卒急拏高手．家將拔刀欲殺．高掙脫跳梁上介）（兵卒拏二將殺死介）

聞爆聲拏殺俱要一齊．

家將（喊介）高傑走脫了．快尋快尋．

兵卒（點火把各處尋介）

家將 頂破椽瓦．想是爬房走了．

兵卒（又尋介）

家將（指介）那樓脊獸頭邊．閃閃綽綽．似有人影．快快放箭．

兵卒（兵卒放箭介）（高跳下介）（兵卒拏住高手介）

家將（認介）果然是老高哩．

高(呵介)好反賊.俺是皇帝差來防河大帥.你敢害我.

家將　俺只認得許總爺.不認得甚麼黃的黑的.快伸頭來.

高(跳介)罷了.罷了.俺高傑有勇無謀.竟被許定國賺了.(頓足介)咳.悔不聽侯生之言.致有今日.(伸脖介)取我頭去.

家將(指介)老高果然是條好漢.(割高頭手提介)(喚介)兩箇兄弟快捧牌印.大家回報總爺去.

(二將捧印牌介)

二將　且莫謊張.三將雖死.還有小卒在外哩.

家將　久已殺的乾淨了.

二將　還有一件.城外大營.明日知道.必來報仇.快去回了總爺.求侯夫人妙計.

家將　侯夫人妙計.早已領來了.今夜悄悄出城.帶着高傑首級獻與北朝.就引着北朝人馬.連夜踏冰渡河.殺退高兵.算我們下江南第一功也.

宛馬嘶風緩轡來.

黃河水上北門開.

南朝正賞春鐙夜.

讓我當筵殺將材。

（註一）南疆繹史高傑傳云。『乙酉正月。傑抵歸德。總兵許定國方駐睢州。年已七十矣。嘗毀家養士。負其功不得封。上疏詆傑爲賊。傑怨之。定國不自安。求可法爲計。可法曰。許總兵何地不可居。而必睢州乎。時有言。其送子渡河者。傑至不出。巡撫越其杰。巡按御史陳潛夫偕往。趣之。始郊迎。其杰諷傑勿入城。傑心輕之。遽入。詰朝召定國。數之曰。若豈不知我之將殺汝。而顧不去何也。定國頓首謝曰。固知公之怒。然不知所罪。傑言、累疏名我爲賊。烏得無罪。曰。此定國之所以不可去也。定國目不知書。倉皇中假手記室。誤入公名。初不知疏中爲何語。以此見殺。不亦寃乎。傑索記室名。曰。彼知公怒。先期遁。彼去而定國不去。以明向名公者之非定國意也。傑麤疎見其屈服且憐之。以爲信。比有千戶某遮馬投牒云。許將不利于公。傑故示勿貳。馬前笞六十。付定國。置之法。更刑牲約爲兄弟。十三日夜。定國開宴。極聲伎之盛。傑既酣。爲之刻行期。固促之去。并徵及送子事。定國憤伏甲。傑所傳砲。大呼其杰等遁走。親將俱沾醉。傑酣臥帳中。倉卒奪刀鬥。力竭就執。擁至定國前。定國蹀血南向坐。曰。三日來受汝挫辱已盡。今定何如。傑大笑曰。吾乃爲豎子所算。呼酒來。當痛飲死。明日日中。城不啓。李本深、王之綱等。攻南門入。老弱無孑遺。而定國已渡河。投大清以降。先是傑以定國將去睢。盡發所部戍開封。所留僅親健三百人。竟盡死。可法至涂州。初勿信。既而奔之確。乃哭之慟。知中原之不復可圖矣。』

（註二）當崇禎十五年。侯恂奉命督師時。方域曾勸以軍法斬許定國。恂不聽。後定國卒殺高傑降清。致中原事大壞。事見胡介祉所爲方域傳。

（註三）賈開宗著侯方域傳云。『……傑已死。方域說其軍中大將軍急引兵駐盱眙浮橋。而分揚州水軍爲二。戰不勝則以一由泰興趨江陰據常州。一由通州趨常熟據蘇州。守財賦之區。跨江連湖，障蔽東越，徐圖後計。大將不聽，以鋭甲十萬降。」然則傑死後方域尚在其軍中有所擘畫，此文省略耳。

第二十七齣　逢舟

山郭春深聽夜潮，
片帆天際白雲遙，
東風未綠秦淮柳，
殘雪江山是六朝。
——惲南田詩。

時間　明福王二年乙酉二月，

地點　黃河堤，

人物　蘇昆生——淨，
執鞭人——丑，
三亂兵——雜，
舟子——外，
李貞麗——小旦，

舟子——副淨。
侯朝宗——生。
布景　黄河堤上。旁有小舟二。
備用物　包裹。執鞭。船篙。舊衣。火盆。桃花扇。
蘇昆生（背包裹。騎驢急上）
戎馬紛紛。
烟塵一望昏。
魂驚心震。
長亭連遠村。
執鞭人（趕呼介）客官慢走。你看黄河堤上。逃兵亂跑。不要被他奪了驢去。
蘇（不聽急走介）
三亂兵（迎上）
棄甲掠盾。
抱頭如鼠奔。
無暇笑哂。

大家皆敗軍。
大家皆敗軍。——(水底魚兒)
(遇蘇推下河奪驢跑下)
執鞭人(趕下)
蘇(立水中頭頂包裹高叫介)救人呀。救人呀。
舟子(撑船)
李貞麗(貧婦樣上)
流水渾渾。
風濤拍禹門。
堤邊浪穩。
泊舟楊柳根。
(欲泊舟介)
麗(喚介)駕長。你看前面淺灘中。有人喊叫。我們撑過船去救他一命。積箇陰隲如何。
舟子 黃河水溜。不是當耍的。
麗 人行好事。大王爺爺自然加護的。

舟子　是．是．待我撐過去．（撐介）

風急水緊．

捨生來救人．

哀聲迫窘．

殘生一半魂．

殘生一半魂．——（水底魚兒）

（近蘇呼介）快快上來．合該你不死．遇著好人．（伸篙下蘇攀篙上船介）

蘇（作顫介）好冷好冷．

舟子（取乾衣與蘇介）

麗（背立介）

蘇（換衣介）多謝駕長．是俺重生父母．（叩介）

舟子　不與老漢事．虧了這位娘子．叫我救你的。

蘇（作揖起驚恐介）你是李貞娘．爲何在這船裏．

麗（驚認介）原來是蘇師父．你從何處來．

蘇　一言難盡．

麗　請坐了講。（坐介）

舟子（泊船介）且到岸上買壺酒喫去。（下）

蘇　一從你嫁朱門。
鎖歌樓。
疊舞裙。
寒風冷雪。
哭殺香君。

麗（掩淚介）香君獨住。怎生過活。

蘇　他託俺。前來尋訪侯郎。
征人戰馬。
侯郎無信。
茫茫驛路殷勤問。

麗（問介）因何落水。

蘇　正在隄上行走。被亂兵奪驢。把俺推下水的。
蒙救出濁流。

故人今夕重近.（瑣窗寒）

麗　原來如此.合該師父不死.也是奴家有緣.又得一面.

蘇（問介）貞娘.你既入田府.怎得到此.

麗　且取火來.替你烘乾衣服.細細告你.（取火盆上介）

舟子、侯朝宗（坐船急上）

侯　纔離虎豹千林霧.又逐鯨鯢萬里波.（呼介）駕長這是呂梁地面了.扯起篷來.早趕一程.明日要起旱哩.

舟子　相公不要性急.這樣風浪.如何行的.前面是泊船之所.且靠幫.住一宿罷.

侯　還你.

舟子（作泊船介）

侯　驚魂稍定.不免略盹一盹兒.（臥介）

蘇（烘衣）

麗（旁坐談介）奴家命苦.如今又不在那田家了.想起那晚.

匆忙扮作新人.

奪藏嬌.

蘇 金屋春，
麗 一身寵愛。
盡壓釵裙。
這好的很了。
誰知田仰嫡妻。十分悍妒。
蘇 獅威勝虎。
麗 蛇毒如刃。
把奴採出洞房。打箇半死。
呵呀呀。了不得。那田仰怎不解救。
蘇 田郎有氣吞聲忍。
竟將奴賞與一個老兵。
既然轉嫁。怎麼在這船上。
麗 此是漕標報船。老兵上岸下文書去了。
蘇 奴自坐船頭。
麗 舊人來說新恨。——(瑣窗寒)

侯（一邊細聽介）（聽完起坐介）隔壁船中。兩個人絮絮叨叨。談了半夜。那漢子的聲音。好似蘇崑生。婦人的聲音。也有些相熟。待我猛叫一聲。看他如何。（叫介）蘇崑生。

蘇（忙應介）那個喚我。

侯（喜介）竟是蘇崑生。（出見介）

蘇　原來是侯相公。正要去尋。不想這裏撞着。謝天謝地。遇的恰好。（喚介）請過船來。認認這個舊人。

侯（過船介）還有那個。（見李驚認介）呀。貞娘。如何到此。奇事。奇事。香君在那裏。

麗　官人不知。自你避禍夜走。香君替你守節。不肯下樓。

侯（掩淚介）

麗　後生馬士英。差些惡僕。挐銀三百。硬娶香君。送與田仰。

侯（驚介）我的香君。怎地他適了。

麗　嫁是不曾嫁。香君懼怕。磞死在地。

侯（大哭介）我的香君。你怎的磞死了。

麗　死是不曾死。磞的鮮血滿面。那門外還聲聲要人。一時無奈。妾身竟替他嫁了田仰。

侯（喜介）好．好．你竟嫁與田仰了．今日全船要往那裏去．

麗　就住在船上．

侯　爲何．

麗（羞介）

蘇　他爲田仰妒婦所逐．如今轉嫁這船上一位將爺了．

侯（微笑介）有這些風波．可憐．可憐．（問蘇介）你怎得到此．

蘇　香君在院．日日盼你．託俺寄書來的．

侯（急問介）書在那裏．

蘇（取包介）

這封書不是箋紋．
摺宮紗夾在斑筠．
題詩定情．
催妝分韻．

侯（接扇介）這是小生贈他的詩扇．

蘇（指扇介）

看桃花半邊紅暈．

情懇．

千萬種語言難盡——（奈子花）

侯（看扇問介）那一面是誰畫的桃花．

蘇　香君嗞壞花容．血濺滿扇．楊龍友添上梗葉．成了幾筆折枝桃花．

侯（細看喜介）果然是些血點兒．龍友點綴．卻也有趣．這柄桃花扇．倒是小生至寶了．（問介）你爲何今日帶來．

蘇　在下出門之時．香君說道．千愁萬苦．俱在扇頭．就把這扇兒當封書信罷．故此寄來的．

侯（又看哭介）香君．香君．叫小生怎生報你也．（問蘇介）你怎的尋着貞娘來．

蘇（指唱介）

俺呵走長堤驢背辛勤．

遇逃兵推下寒津．

侯　呵呀．受此驚險．（問介）怎的不曾濕了扇兒．

蘇（作勢介）

横流沒肩．

高擎書信．

將蘭亭保全眞本．

侯　（拱介）爲這把桃花扇．把性命都輕了．眞可感也．（問介）後來怎樣．

蘇　虧了貞娘．不怕風浪．移船救我．

思忖．

從井救別人誰肯．——（奈子花）

侯　好．好．若非遇著貞娘．這黃河水溜．誰肯救人．

麗　妾本無心．救他上船．纔認的是蘇師父．

侯　這都是天緣湊巧處．

蘇　還不曾問侯相公．因何南來．

侯　俺自去秋．隨著高傑防河．不料匹夫無謀．不受諫言．被許定國賺入睢州．飲酒中間．遣人刺死．小生不能存住．買舟黃河．順流東下．你看大路之上．紛紛亂跑．皆是敗兵．叫俺有何面目．再見史公也．

蘇　既然如此．且到南京．看看香君．再作商量．

侯　也罷。別過貞娘。趁早開船。

麗　想起在舊院之時。我們一家同住。今日船中。只少一箇香君。不知今生還能相見否。

一家人。

離散了。

重聚在水雲

言有盡。

離緒百分。

掌中嬌養女。

何日說艱辛。——（金蓮子）

侯　只怕有人蹤跡。崑老快快換衣。就此別過罷。

蘇（換衣介）

侯蘇（掩淚過船介）

蘇　歸計登程猶未準。

侯　故人見面轉添愁。

舟子（撐船下）

麗　妾身厭倦烟花。伴着老兵度日。卻也快活。不意故人重逢。又惹一天舊恨。你聽濤聲震耳。今夜那能成寐也。

悠悠萍水一番親。

舊恨新愁幾句論。

漫道浮生無定著。

黄河亦有住家人。

第二十八齣　題畫

西陵人去無消息。

南浦愁來有歲時。

細雨似霑新淚濕。

輕烟渾放故春遲。

春興八首。乙酉作。

四憶堂詩集卷三。

曲曲迴廊十二闌．
風飄羅袂怯春寒．
桃花帶雨如含淚．
只恐多情不忍看．
鄭妥娘閨怨詩．

時間 明崇禎十八年乙酉三月．
地點 南京秦淮河舊院媚香樓．
人物 藍瑛——小生．
侯朝宗——生．
楊龍友——末．
僕役——雜．
布景 媚香樓上．院內桃花盛開．
備用物 畫案．畫筆．硯．色箋．桃花扇．桃源圖．

藍瑛（扮山人上）
美人香冷繡牀閒．
一院桃花獨閉關．

無限濃春煙雨裏.
南朝留得畫中山.

咱家武陵藍瑛.表字田叔.(註一)自幼馳聲畫苑.與貴筑楊龍友筆硯至交.聞他新轉兵科.買舟來望.下榻這媚香樓上.此樓乃名妓香君梳妝之所.美人一去.庭院寂寥.正好點染雲煙.應酬畫債.不免將文房畫具.整理起來.(作洗硯滌筆調色揩箋介)沒有淨水怎處.(想介)有了.那花梢曉露.最是清潔.用他調丹濡粉.鮮秀非常.待我下樓.向後園收取.(手持色箋暫下)

侯(新衣上)

地北天南蓬轉.
巫雲楚雨絲牽.
巷滾楊花.
牆翻燕子.
認得紅樓舊院.
觸起閒情柔如草.
攪動新愁亂似烟.

傷春人正眠．——（破齊陣）

小生在黃河舟中．遇著蘇崑生．一路同行．心忙步急．不覺來到南京．昨晚旅店一宿．天明早起．留下崑生看守行李．俺獨自來尋香君．且喜已到院門之外．

只見黃鶯亂囀．

人蹤悄悄．

芳草芊芊．

粉壞樓牆．

苔痕綠上花磚．

應有嬌羞人面——

映著他桃樹紅妍．

重來渾似阮劉仙．

借東風引入洞中天．——（刷子序）

（作推門介）原來雙門虛掩．不免側身潛入．看有何人在內．

（入介）

呀驚飛了滿樹雀喧。踏破了一墀蒼蘚。這泥落空堂簾半捲。受用煞雙棲紫燕閒庭院。沒箇人傳。

躡蹤兒迴廊一遍。直步到小樓前。——（朱奴兒）

（上指介）這是媚香樓了。你看寂寂寥寥。湘簾晝捲。想是香君春眠未起。俺且不要喚他。慢慢的上了妝樓。悄立帳邊。等他自己醒來。轉睛一看。認得出是小生。不知如何驚喜哩。（作上樓介）

手拽起翠生生羅襟軟。袖撥開綠楊線。一層層闌壞梯偏。一樁樁塵封網罥。

艷濃濃樓外春不淺．

帳裏人兒腼腆．

（看几介）

從幾時——

收拾起銀撥冰絃．

擺列著描春客．

脂箱粉盞．

待做箇女山人畫叉乞錢．——（普天樂）

（驚介）怎的歌樓舞榭．改成箇畫院書軒．這也奇了．（想介）想是香君替我守節．不肯做那青樓舊態．故此留心丹青．聊以消遣春愁耳．（指介）這是香君臥室．待我輕輕推開．（推介）呀．怎樣封鎖嚴密．倒像久不開的．這又奇了．難道也沒箇人守．（作背手徬徨介）

蕭然．

美人去遠．

重門鎖.
雲山萬千.
知情只有閒鶯燕.
儘著狂.
儘著顚.
問著他一雙雙不會傳言.
熬煎.
纔待轉.
嫩花枝靠著疏籬顫.
(下聽介)
簾櫳響.
似有箇人略喘.——(鴈過聲)
(瞧介)待我看是誰來.
藍(持箋上樓驚見介)你是何人.上我寓樓.

侯　這是俺香君妝樓。你爲何寓此
藍　我乃畫士藍瑛。兵科楊龍友先生送俺作寓的。
侯　原來是藍田老。一向久仰。
藍（問介）台兄尊號。
侯　小生河南侯朝宗。亦是龍友舊交。
藍（驚介）呵呀。文名震耳。纔得會面。請坐。請坐。
（坐介）
侯　我且問你。俺那香君。那裏去了。
藍　聽說被選入宮了。
侯（驚介）怎——怎——的被選入宮了。幾時去的。
藍　這倒不知。
侯（起掩淚介）
　尋徧。
　立東風漸午天。
　那一去人難見。

（瞧介）看
紙破窗櫺．
紗裂簾幔．
裹殘羅帕．
戴過花鈿．
舊笙簫無一件．
紅鴛衾盡捲．
翠菱花放扁．
鎖寒煙——
好花枝不照麗人眠．——（傾杯序）
想起小生定情之日．桃花盛開．映著簇新新一座妝樓．不料美人一去．零落至此．今日小生重來．又值桃花盛開．對景觸情．怎能忍住一雙眼淚．（掩淚坐介）

春風上巳天．
桃瓣輕如剪．
正飛綿作雪．
落紅成霞．

不免展開畫扇．對著桃花賞玩一番．（取扇看介）

濺血點作桃花扇．
比著枝頭分外鮮．

這都是爲著小生來。

攜上妝樓展．
對遺跡宛然．
爲桃花結下了死生冤．——（玉芙蓉）

藍　請教這扇上桃花．何人所畫．

侯　就是貴東楊龍友的點染．

藍　爲何對之揮淚．

侯　此扇乃小生與香君定盟之物。

那香君呵手捧著紅絲硯。

花燭下索詩篇。

（指介）

一行行寫下鴛鴦券。

不到一月。小生避禍遠去。香君閉門守志。不肯見客。惹惱了幾箇權貴——

放一羣吠神仙朱門犬。

那時硬搶香君下樓。香君着急把花容呵——

似鵑血亂灑啼紅怨。

這柄詩扇拾在手中。竟爲濺血點壞。

藍　可惜。可惜。

侯　後來楊龍友添上梗葉。竟成了幾筆折枝桃花。（拍扇介）

這桃花扇在。

那人阻春煙。——（小桃紅）

藍（看介）畫的有趣。竟看不出是血跡來。（問介）這扇怎生又到先生手中。

侯　香君思念小生。託蘇崑生到處尋俺。把這桃花扇。當了一封錦字書。小生接得此扇。跋涉來訪。不想香君又入宮去了。（掩淚介）

楊龍友（冠帶從人喝道上）
臺上久無秦弄玉。
船中新到米襄陽。

雜（入報介）兵科楊老爺。來看藍相公。門外下轎了。

藍（慌迎見介）

楊（上樓見侯揖介）侯兄幾時來的。

侯　適纔到此。尚未奉拜。

楊　聞得一向在史公幕中。又隨高兵防河。昨見塘報。高傑於正月初十日。已爲許定國所殺。那時世兄在那裏來。

侯　小弟正在鄉園。（註二）忽遇此變。扶著家父。逃避山中。一月有餘。恐爲許兵蹤跡。故又買舟南來。路遇蘇崑生。持扇相訪。只得連夜赴約。竟不知香君已去。（問介）請問是幾時去的。

楊　正月初八日。被選入宮的。

侯　到幾時纔出來。

楊侯楊侯

遙遙無期。

小生只得在此等他了。

此處無可留戀。倒是別尋佳麗罷。

小生怎忍負約。但得他一信。去也放心。

望咫尺青天。那有箇瑤池女使。偷遞情箋。明放著花樓酒榭。去做箇雨井煙垣。堪憐。舊桃花。劉郎又撚。料得新吳宮西施不願。橫揣俺天涯夫婿。永巷日如年。——（尾犯序）

楊　世兄不必愁煩．且看田叔作畫罷．

藍（畫介）

侯楊（坐看介）這是一幅桃源圖．

藍　正是．

楊（問介）替那家畫的．

藍　大錦衣張瑤星先生．新修起松風閣．要裱做照屏的．

侯（贊介）妙．妙．位置點染．別開生面．全非金陵舊派．

藍（作畫完介）見笑．見笑．就求題詠幾句．爲拙畫生色何如．

侯　不怕寫壞．小生就獻醜了．

（題介）原是看花洞裏人．

重來那得便迷津．

漁郎誑指空山路．

留取桃源自避秦．

歸德侯方域題．

楊（讀介）佳句．寄意深遠．似有微恠小弟之意．

侯　豈敢．（指畫介）

這流水溪堪羨．落紅英千千片．抹雲煙．綠樹濃．青峯遠．仍是春風舊境不曾變．沒箇人兒將咱繫戀．是一座空桃源．趁著未斜陽將掉轉．——（鮑老催）

（起介）

楊　世兄不要埋怨．而今馬阮當道．專以報讎雪恨爲事．俺雖至親好友．不敢諫言．恰好人日設席．喚香君供唱．那香君性氣．你是知道的．手指二公一場好駡．

侯　呵呀．這番遭他毒手了．

楊　虧了小弟在旁．十分勸解．僅僅推入雪中．喫了一驚．幸而選入內庭．暫保性命．（向侯介）世兄既與香君有舊．亦不可在此久留．

侯　是是．承教了．

（同下樓行介）

熱心腸早把冰雪嚥．

活冤業現擺著麒麟楦．

（收扇介）俺且抱著

扇上桃花閒過遣．——（尾聲）

（竟下介）

楊　我們別過藍兄．一同出去罷．

侯　正是忘了作別．

（作別介）請了。

藍（先閉門下）

侯楊（同行介）

侯　重到紅樓意惘然．

楊　閒評詩話晚春天。

侯　美人公子飄零盡。

楊　一樹桃花似往年。

(註一)藍瑛。字田叔號蜨叟。錢塘人。山水法宋元。乃自成一格。頗類沈周。人物、花鳥、梅竹、俱得古人精蘊。時浙派山水。始於戴。至藍爲極。

(註二)許定國殺高傑時。侯朝宗正在傑幕。見第二十六齣註三。

第二十九齣　逮社 (註一)

燕山模糊吹蒿薙。
江表熙怡臥鐘鼓。
金馬封事不渠出。
怨毒猶然在門戶。
——梨洲。

時間　明崇禎十八年乙酉三月。

地點　南京三山街蔡益所書店。

人物　蔡益所——丑。

侯朝宗——生.
蘇崑生——淨.
陳定生——末.
吳次尾——小生.
長班——雜.
阮大鋮（現任兵部侍郎）——副淨.
四校尉——雜.
坊官——淨.

布景　蔡益所書店.招牌寫「金陵蔡益所書坊發兌古今書籍.」中懸二
　　酉堂扁.
備用物　書架.鋪櫃.毛帚.時文封面寫「復社文開.」包裹.拜帖.大轎.金扇.
　　執事.黃傘.掌扇.繩鎖.

蔡益所（扮書客上）
堂名二酉
萬卷牙籤求售.

何物充棟汗車牛。混了書香銅臭。賈儒商秀——怕遇著秦皇大搜。——(鳳凰閣)

在下金陵三山街書客——蔡益所的便是。天下書籍之富。無過俺金陵。這金陵書鋪之多。無過俺三山街。這三山街書客之大。無過俺蔡益所。(指介)你看十三經。廿一史。九流三教。諸子百家。腐爛時文。新奇小說。上下充箱盈架。高低列肆連樓。不但興南販北。積古堆今。而且嚴批妙選。精開善印。俺蔡益所既射了貿易書籍之利。又收了流傳文字之功。還他舉人進士。見俺作揖拱手。好不體面。(笑介)今乃乙酉鄉試之年。大布恩綸。開科取士。准了禮部尚書錢謙益的條陳。要亟正文體。以光新治。俺小店乃坊間首領。只得聘請幾家名手。另選新篇。今日正在裏邊刪改批評。待俺早些貼起封面來。(貼介)

風氣隨名手。

文章中試官。

(下)

侯朝宗蘇崑生（背行囊上）

侯　當年煙月滿秦樓．夢悠悠．簫聲非舊．人隔銀漢幾重秋．信難投．相思誰救．（喚介）崑老．我們千里跋涉．爲赴香君之約．不料他被選入宮．音信杳然．昨晚掃興回來．又怕有人蹤跡．故此早早移寓．但不知那處僻靜．可以多住幾時．打聽音信．等他詩題紅葉．白了少年頭．佳期難道此生休也囉．——（水紅花）

蘇　我看人情已變．朝政日非．且當道諸公．日日羅織正人．報復夙怨．不如暫避其鋒把香君消息．從容打聽罷．

（侯）說的也是．但這附近州郡．別無相知．只有好友陳定生住在宜興．吳次尾住在貴池．不免訪尋故人．倒也是快事．

（行介）故人多狎水邊鷗．傲王侯．紅塵拂袖．長安棋局不勝愁．買孤舟．南尋煙岫．

（蘇）來到三山街書鋪廊了．人煙稠密．趲行幾步纔好．

（疾行介）防他豺狼當道．冠帶幾獼猴．

侯三山榛莽水狂流也囉．（水紅花）

侯（指介）這是蔡益所書店．定生次尾常來寓此．何不問他一信．（住看介）那廊柱上貼著新選封面．待我看來．（讀介）復社文開．（又看介）這左邊一行小字．是壬午癸未房墨合刪．右邊是陳定生吳次尾兩先生新選．（喜介）他兩人難道現寓此間不成．

蘇待我問來．（叫介）掌櫃的那裏．

蔡（上）請了．想要買甚麼書籍麼．

侯非也．要借問一信．

蔡問誰．

侯陳定生吳次尾兩位相公來了不曾．

蔡現在裏邊．待我請他出來．（下）

陳吳（同上見介）

呀．原來是侯社兄．（見蘇介）蘇崑老也來了．

（各揖介）

陳（問介）從那來的．

侯從敝鄉來的．

吳（問介）幾時進京．

侯　昨日纔到．

烽煙滿郡州．

南北從軍走．

歎朝秦暮楚．

三載依劉．

歸來誰念王孫瘦．

重訪秦淮簾下鈎．

徘徊久．

問桃花昔遊．

這江鄉——

今年不似舊溫柔．——（玉芙蓉）

（問陳吳介）兩兄在此．又操選政了．

陳吳　見笑．

金陵舊選樓.
聯榻同良友.
對丹黃筆硯.
事業千秋.
六朝衰弊今須救.
文體重開韓柳歐.
傳不朽.
把東林盡收.
纔知俺.
中原復社附清流.——(玉芙蓉)
內(喚介)請相公們裏邊用茶.
陳吳 來了.(讓侯蘇入介)
長班(持拜帖上)我們官府阮大鋮.新陞了兵部侍郎.特賜蟒玉.欽命防江.今日到這三山街拜客.只得先來.

阮大鋮（蟒玉驕態坐轎雜持傘扇引上）

排頭踏青衣前走．
高軒穩扇蓋交抖．
看是何人坐上頭．
是當日胯下韓侯．

雜（禀介）請老爺停轎．與僉都越老爺投帖（投帖介）

阮（停轎介）吩咐左右．不必打道．儘着百姓來瞧．（搧扇大說介）我阮老爺今日欽賜蟒玉．大轎拜客．那班東林小人．目下奉旨搜拏．躲的影兒也沒了．（笑介）

纔顯出誰榮誰羞．
展開俺眉頭皺．——（朱奴兒）

（看書鋪介）那廊柱上貼的封面．有甚麼復社字樣．叫長班揭來我瞧．

長班（揭封面送阮讀介）

阮　復社文開．陳定生吳次尾新選．（怒介）嗄．復社乃東林後起．與周鑣雷縯祚同黨．朝廷正在拏訪．還敢留他選書．這箇書客．也大膽之極了．快快住轎．

（落轎介）

阮（下轎坐書鋪吩咐介）速傳坊官．

長班（喊介）坊官那裏．

坊官（急上跪介）稟大老爺傳卑職有何吩咐．

這書肆不將法守．

通惡少復社渠首．

奉命令將逆黨搜．

須得你蔓引株求．

坊官　不消大老爺費心．卑職是極會拏人的．（進入拏蔡上）犯人蔡益所拏到了．

蔡（跪稟介）小人蔡益所並未犯法．

阮　你刻什麽復社文開．犯法不小．

蔡　這是鄉會房墨．每年科場要選一部的．

阮（喝介）唗．目下訪拏逆黨．功令森嚴．你容留他們選書．還敢口强．快快招來．

蔡　不干小人事．相公們自己走來．現在裏面選書哩．

阮　既在裏面．用心看守．不許走脫一人．

蔡（應下）

阮（向坊官私語介）訪拏逆黨．是鎭撫司的專責．速遞報單．叫他校尉拏人．

傳緹騎重興獄囚．

笑楊左今番又休．——（朱奴兒）

坊官　是（速下）

阮（上轎介）

侯陳吳（拉轎喊介）我們有何罪過．著人看守．你這位老先生．不畏天地鬼神了．

阮（微笑介）學生並未得罪．爲何動了公憤來．（拱介）請敎諸兄尊姓台號．

吳　俺是吳次尾．

陳　俺是陳定生．

侯　俺是侯朝宗．

阮（微怒介）哦．原來就是你們三位．今日都來認認下官．

堂堂貌鬢長似箒．

昂昂氣胸高如斗．

（向吳介）那丁祭之時．怎見的

阮光祿難司籩和豆。

（向陳介）那借戲之時。爲甚的把

燕子箋弄俺當場醜。

向侯介

堪羞。

妝奩代湊。

倒惹你裙釵亂丟。——（剔銀鐙）

侯　你就是阮鬍子。今日報讎來了。

陳吳　好。好。好。大家扯他到朝門外。講講他的素行去。

阮（佯笑介）不要忙。有你講的哩。（指介）你看那來的何人。（坐轎下）

四校尉（白靴上）（註二）（亂叫介）那是蔡益所。

蔡　在下便是。問俺怎的。

校尉　俺們是駕上來的。快快領著拏人。

蔡　要拏那箇。

校尉　拏陳吳侯三箇秀才。

侯　不用拏．我們都在這邊哩．有話說來．
校尉　請到衙門裏說去罷．（竟丟鎖套三人下）
蔡（吊場介）這是那裏的帳．（喚介）蘇兄快來．
蘇（上）怎麼樣的了．
蔡　了不得．了不得．選書的兩位相公拏去罷了．連侯相公也拏去了．
蘇　有這等事．
合　兇兇的縲絏在手．忙忙的捉人飛走．小復社沒箇東林救．新馬阮接著崔田後．堪憂．昏君亂相．爲別人公報私讐．——（剔銀鐙）
蘇　我們跟去打聽一箇眞信．好設法救他．
蔡　正是．看他安放何處．俺好早晚送飯．

（蔡）朝市紛紛報怨讐.
（蘇）乾坤付與杞人憂.
（蔡）倉皇誰救焚書禍.
（蘇）只有寧南一左侯.

(註一)汪琬撰陳定生墓表云.『……大鋮用事.將盡殺東林黨人.君與周禮部(鑣)及應箕皆在南京.禮部先被逮.君爲營救萬端.人又諫止君.君曰.「死耳.何畏.」大鋮詗知之.遂積前恨.夜半遣校尉捕君與應箕.應箕亡.君出詣獄.』又董文友撰陳定生墓表云.『……先一日.侯方域聞之.逃去.』然則當時被捕者只有陳定生一人.而吳次尾侯朝宗皆逃而免.此文演三人同時被捕.點綴之筆耳.

(註二)董文友撰陳定生墓表云.『……先生即坐邸中待捕.曰.「吾豈學張儉累人.使向時賓客俱爲一網盡耶.」語未畢.突有闖靴校尉數人至邸中縛之.……』此文白靴四校尉即演此事.但其地非蔡益所書店耳.

第三十齣 歸山

黨禍起新朝.
正士寒心連袂高蹈.
俺有何求.——爲他人操刀.

急逃.

——本詞.

時間 明福王二年乙酉三月.

地點 南京.

人物 張薇——外.

家僮——副淨.

四校尉——雜.

解役——淨.

侯朝宗——生.

陳貞慧——末.

吳應箕——小生.

園丁——雜.

蔡益所——丑.

布景一 錦衣衛署內.

備用物 刑具.文書封筒.拍木.公案.籤筒.筆硯盒.書函.報鈔.書札.馬鞭.

張薇（白髯冠帶上）

何處家山．回首上林春老．秣陵城煙雨蕭條．歎中興．新霸業．一聲長嘯．舊宮袍．襯着嬾散衰貌．——（粉蝶兒）

下官張薇．表字瑤星．（註一）原任北京錦衣衛儀正之職．避亂南來．又遇新主中興．錄俺世勳．仍補舊缺．不料權奸當道．朝局日非．新於城南修起三間松風閣不日要投閒歸老．只因有逆案兩人．乃禮部主事周鑣．按察副使雷縯祚．馬阮挾讎．必欲置之死地．下官深知其寃．只是無法可救．中夜躊躇．彼此去志未決．

黨禍起新朝．正士寒心．

連袂高蹈.
俺有何求.
爲他人操刀.
急逃.
蓋了座松風草閣.
等着俺白雲嘯傲.
只因這沈寃未解夢空勞.——(尾犯序)

家僮(上稟介)稟老爺.鎮撫司馮可宗挐到逆黨三名.候老爺升廳發放.
四校尉(持刑具羅列介)
張(升廳介)
解役(投文押侯朝宗.陳貞慧.吳應箕帶鎖上)(跪介)
張(看文問介)據坊官報單.說爾等結社朋謀.替周鑣、雷縯祚、行賄打點.因而該司捕解.快快從實招來.免受刑拷.
陳吳難招.

筆硯本吾曹．
復社青衿．
評論文稿．
無罪而殺．
是坑儒根苗．
侯　休拷．
俺來此攜琴訪友．
並不曾流連夜曉．
無端的池魚堂燕一時燒．——（尾犯序）
張　據爾所供．一無實迹．難道本衙門誣良爲盜不成．（拍驚堂介）叫左右預備刑具．叫他逐箇招來．
陳（前跪介）老大人不必動怒．犯生陳貞慧．直隸宜興人．不合在蔡益所書坊選書．並無別情．
吳（前跪介）犯生吳應箕．直隸貴池人．不合與陳貞慧同事．並無別情．

張(向解役介)既在蔡益所書坊。結社朋謀。行賄打點。彼必知情。爲何竟不挐到。(投籤與解役介)速挐蔡益所質審。
解役(應下)
侯(前跪介)犯生侯方域。河南歸德府人。游學到京。與陳貞慧、吳應箕、文字舊交。纔來拜望。一同挐到了。並無別情。
張(想介)前日藍田叔所畫桃源圖。有歸德侯方域題句(轉問介)你是侯方域麽。
侯 犯生便是。
張(拱介)失敬了。前日所題桃源圖。大有見解。領教領教。(吩咐介)這事與你無干。請一邊侯。
侯 多謝超豁了。(一邊坐介)
解役(持籤上)(稟介)稟老爺。蔡益所店門關閉。逃走無蹤了。
張 朋謀打點。全無證據。如何審擬。(尋思介)
家僮(持書送上介)王錢二位老爺有公書。
張(看介)原來是內閣王覺斯。大宗伯錢牧齋。兩位老先生公書。待俺看來。(註二)(開書背看點頭介)說的有理。竟不知陳吳二犯。就是復社領袖。
一箇是定生兄。

藝苑豪。
一箇是主騷壇。
吳次老。
爲甚的冶長無罪拘臯陶。
俺怎肯禍興黨錮推又敲。
大錦衣。
權自操。
黑獄中。
白日照。
莫教名士清流賈禍含冤也。
把中興文運凋。——（紅衲襖）

（轉拱介）陳吳兩兄。方纔得罪了。（問介）王覺斯錢牧齋二位老先生。一向交好麼。

陳吳　並無相與。

張　爲何發書．極道兩兄文名．囑俺開釋．

陳吳　想出二公主持公道之意．

張　是．是．下官雖係武職．頗讀詩書．豈肯殺人媚人．（吩咐介）這是寃屈．請一邊候．待俺批回該司．速行釋放便了．（批介）

陳吳（一邊坐介）

家僮（持朝報送上介）稟老爺．今日科鈔有要緊旨意．請老爺過目．

張（看報介）內閣大學士馬一本．爲速誅叛黨．以靖邪謀事．犯官周鑣、雷縯祚、私通潞藩．叛迹顯然．乞早正法．曉示臣民等語．奉旨周鑣．雷縯祚．著監候處決．又兵部侍郎阮一本．爲捕滅社黨．廓淸皇圖事．照得東林老奸．如蝗蔽日．復社小醜．似蝻出田，蝗爲現在之災．捕之欲盡．蝻爲將來之患．滅之勿遲．臣編有蝗蝻錄．（註三）可按籍而收也等語．奉旨這東林社黨．著嚴行捕獲．審擬具奏．該衙門知道．（驚介）不料馬阮二人．又有這番舉動．從此正人君子無孑遺矣．

俺正要省約法．

畫獄牢．

那知他鑄刑書．

加炮烙。

莫不是清流欲向濁流拋。

莫不是黨碑又刻元祐號。

這法網。人怎逃。這威令。誰敢拗。眼見復社東林盡入囹圄也。試新刑。搜爾曹。——（紅衲襖）

（向侯等介）下官憐爾無辜。正思開釋。忽然奉此嚴旨不但周雷二公定了死案。從此東林復社。那有漏網之人。

侯等（跪求介）尙望大人超豁。

張　俺若放了諸兄。倘被別人拏獲。再無生理。且不要忙。（批介）據逡三犯。朋謀打點。俱無實跡。侯挈到蔡益所之日。審明擬罪可也。(向侯等介)那鎮撫司馮可宗。雖係功名之徒。卻也良心未喪。待俺寫信與他。(註四)(寫介)老夫待罪錦衣。多歷年所。門戶黨援。何代無之。總之君子小人。互爲盛衰。事久則變。勢極必反。我輩職司風紀。不可隨時偏倚。代人操刀。天道好還。公論不泯。愼無自貽後悔也。(拱介)諸兄暫屈獄中。自有昭雪之日。

(解役校尉押侯等俱下)

張(退堂介)俺張薇原是先帝舊臣。國破家亡。已絕功名之念。爲何今日出來助紂爲虐。自古道知幾不俟終日。看這光景。尙容躊躇再計乎。(喚介)家僮快牽馬來。我要到松風閣養病去了。

家僮(牽馬上)坐馬在此。

張(上馬。家僮隨行介)

布景二　松風閣

備物　鎖頭。箬笠。芒鞋。鶴氅。絲縧。衣包。

張　好趁着晴春晚照。
　　滿路上絮舞花飄。

遙望見城南蒼翠山色好．
把紅塵客夢全消．
且喜已到松風閣．這是俺的世外桃源．（註五）不免下馬登樓．趁早料理起來．（下馬登樓介）
清泉白石人稀到．
一陣松風響似濤．
（喚介）叫園丁．撐開門窗．拂淨欄檻．俺好從容眺望．

園丁（收拾介）燕泥沾落絮．珠網罥飛花．稟老爺．收拾乾淨了．（下）

張（窺窗介）你看松陰低戶．沁的人心骨皆涼．此處好安吟榻．（又凭欄介）你看春水盈池．照的人鬚眉皆碧．此處好支茶竈．（忽笑介）來的慌了．冠帶袍靴全未脫卻．如此打扮．豈是桃源中人．可笑可笑．（喚介）家僮開了竹箱．把我買了的箬笠芒鞋蘿絛鶴氅替俺換了．（換衣帶介）
堪投老．
纔修完三間草閣．
便解宮袍．——（解三醒）

校尉（鎖蔡牽上）松間批駕帖．竹裏驗公文．方纔拏住蔡益所．聞得張老爺來此養病．只得趕來銷籤．（叫介）門上大叔那裏．
家僮（出問介）來稟何事．如此緊急．
校尉　稟老爺．拏住蔡益所了．特來銷籤．（繳籤介）
家僮（上樓稟介）衙門校尉．帶着蔡益所回話．
張（驚介）拏了蔡益所．他三人如何開交．（想介）有了．叫校尉樓下伺候．聽俺吩咐．
家僮（傳校尉跪樓下介）
張（吩咐介）這件機密重案．不可絲毫洩漏．暫將蔡益所羈候園中．待我回衙．細細審問．
校尉　是．（將蔡拴樹介）（欲下介）
張　轉來．園中窄狹．把這西官馬．牽回喂養．我的冠帶袍靴．你也順便帶去．我還要多住幾時．不許擅來囉唣．
校尉（應下）
張（跌足介）壞了．壞了．衙役走入花叢．犯人鎖在松樹．還成一個什麼桃源哩．不如下樓去罷．（下樓見蔡介）果是蔡益所哩．
蔡（跪介）犯人與老爺曾有一面之識．
張　雖係舊交．你容留復社．犯罪不輕．

蔡（叩頭介）是．

張　你店中書籍．大半出於復社之手．件件是你的贓證．

蔡（叩頭介）只求老爺超生．

張　你肯捨了家財．纔能保得性命．

蔡　犯人情願離家．

張（喜介）這等就有救矣．（喚介）家童與他開了鎖頭

家童（開蔡介）

張　你既肯離家．何不隨我住山．

蔡　老爺若肯攜帶．小人就有命了．

張（指介）你看東北一帶雲白山青．都是絕妙的所在．（喚介）家童好生看門．我同蔡益所瞧瞧就來．

家童（應下）

蔡（隨張行介）

張（指介）我們今夜定要宿在那蒼蒼翠翠之中．

蔡　老爺要去看山．須差人早安公館．那山寺荒涼．如何住宿．

張　你怎曉得．捨了那頂破紗帽．何處巖穴著不得這個窮道人．

蔡（背介）這是那裏說起．

張　不要疑遲．一直走去便了．

眼望着白雲縹緲．

顧不得石徑迢遙．

漸漸的松林日落空山杳．

但相逢幾箇漁樵．

翠微深處人家少．

萬嶺千峯路一條．

開懷抱．

儘著俺山遊寺宿．

不問何朝．

境隔仙凡幾樹桃．

纔知容易謝塵囂．

清晨檢點白雲署．

行到深山日尚高。

（註一）方苞撰張白雲先生傳云『張怡字瑤星。初名鹿徵。上元人也。父可大。明季總兵登萊。會毛文龍將卒反。誘執巡撫孫元化。可大死之事聞。怡以諸生授錦衣衛千戶。甲申流賊陷京師。遇賊。將不屈。械繫將肆掠。其黨或義而逸之。久之始歸故里。其妻已前死。獨身寄攝山僧舍。不入城市。鄉人稱白雲先生。當是時。三楚吳越耆舊多立名義。以文術相高。惟吳中徐昭發。宣城沈眉生。躬耕窮鄉。雖賢士大夫不得一見其面。然尙有楮墨流傳人間。先生則躬樵汲。口不言詩書。學士詞人無所求取。四方冠蓋往來日茲山。而不知山中有是人也。』卓爾堪明遺民詩集小傳謂『張怡。一名遺。字薇庵。著有玉氣劍光集數百卷。』顧公燮消夏閑記稱其『名薇。字瑤星。』王士禛香祖筆記稱其『名遺。字瑤星。著書百餘種。有一書紀南渡時事。可裨史乘。』唐鑑國朝學案小識稱其『著有三禮合纂二十八卷。』（一書者滄州紀事耶。）

啓超案。吾家藏有程青溪（正揆）淺絳山水一軸。爲順治十六年己亥所畫。上款題云『瑤星詞社兄鑒。』審是松風閣故物。青溪本復社中人。稱瑤星爲社兄。則瑤星疑亦在復社。但逮社一案。卻與瑤星無涉。瑤星亦未嘗爲錦衣衛堂官。不過蔭襲千戶虛爵耳。云亭殆敬慕瑤星之爲人。欲用作全書結束。故因其曾蔭錦衣。巧借以作穿插耶。（錦衣衛職掌有四。一護衛。二緝訪。三刑名。四直房司。）

（註二）董文友撰陳定生墓表云『侯方域密請救於相國王鐸兵部侍郎練國事。兩公遂星馳詣士英。展轉求解於大鋮。以故獄稍稍解。』據此則營救定生者王與練。而錢不與。求救者則爲朝宗。

（註三）蝗蝻錄原書今存。

（註四）董撰陳墓表又云『劉僑者。故烈皇帝時舊錦衣也。以片紙付馮鎭撫。謂此東林後人。勿榜掠。』啓超案。此文影射劉僑事歸諸張薇。

（註五）龔鼎孳定山堂集有張瑤星招集松風閣詩一首。板橋雜記亦有同人社集松風閣一段。

第三十一齣　草檄

樓頭骹矢射江鳴。
朝野誰人不避兵。
肝膽唯存蘇柳輩。
烟塵滿地一身行。
——朱永齡。

題桃花扇。

時間　明福王二年三月。

地點　湖廣武昌。

人物　蘇崑生——淨。
店主——副淨。
衆小卒——雜。
四小軍——雜。

左良玉——小生。
袁繼咸——外。
黃澍——末。
柳敬亭——丑。

布景一　黃鶴樓畔酒家。
備用物　黃鶴酒家牌。酒旗。鼓板。酒壺。杯。弓。矢。盔。甲。旗幟。文武執事全。寧南帥府燈籠二。總督部院燈籠二。監軍察院燈籠二。提鎖。

蘇崑生（上）萬歷年間一小童。崇禎朝代半衰翁。會逢天啓乾恩蔭。又見弘光嗣廠公。我蘇崑生。睁着五旬老眼。看了四代時人。故此做這幾句口號。你說那兩位嗣廠公。有天沒日。要把正人君子。捕滅盡絕。可憐俺侯公子。做了個法頭例首。和老蘇與他同鄉同客。只得遠來湖廣。求救於寧南左侯。誰想一住三日。無門可入。今日江上大操。看他兵馬過處。鷄犬無聲。好不肅靜。等他回營。少不的尋個法兒。見他一面。（註一）（喚介）店家那裏。

店主（上）黄鶴樓頭仙客少．白雲市上酒家多．客官有何話說．

蘇　請問元帥左爺爺．待好回營麼．

店主　早哩．早哩．三十萬人馬．每日操到掌燈．況今日又留督撫袁老爺．撫按黄老爺．在教場飲酒．怎得便回．

蘇　既是這等．替我打壺酒來．漫漫的喫着等他罷．

店主（取酒上）等他做甚．喫杯酒．早些安歇罷．

蘇　俺並不張看．你放心閉門便了．

店主（下）

蘇（望介）你看一輪明月．早出東山．正當春江花月夜．只是興會不佳耳．（坐斟酒飲介）對此杯中物．勉强唱隻曲兒．解悶則箇．（自敲鼓板唱介）

長空萬里．
見嬋娟可愛．
全無一點纖凝．
十二闌干光滿處．
涼浸珠箔銀屏．

偏稱。
身在瑤臺。
笑斟玉斝。
人生幾見此佳景。
惟願取年年此夜。
人月雙清。（註二）

（自斟飲介）這樣好曲子。除了阮圓海卻也沒人賞鑒。罷了。罷了。寧可埋之浮塵。不可投諸匪類。（又飲介）這時候也待好回營了。待俺細細唱起來。他若聽得。不問便罷。倘來問俺。倒是個機會哩。（又敲鼓板唱介）

孤影。
南枝乍冷
見烏鵲縹緲。
驚飛棲止不定。

店主（上怨介）客官。安歇罷。萬一元帥聽得。連累小店。倒不是耍的。

蘇（唱介）

萬疊蒼山.

何處是修竹吾廬三徑.

店主（拉蘇睡介）

蘇　不妨事的.俺是元帥鄉親.巴不得叫他知道.纔好請俺進府哩.

店主　既是這等.憑你.憑你.（下）

蘇（又唱介）

追省.

丹桂誰攀.

姮蛾獨住.

故人千里漫同情.

惟願取年年此夜.

人月雙清.

衆小卒（背弓矢盔甲走過介）

蘇（聽介）外邊馬蹄亂響．想是回營了．不免再唱一曲（又敲鼓板唱介）

光瑩．

我欲玉簫吹斷．

驂鸞歸去．

不知何處冷瑤京．

四小軍（旗幟前導介）

蘇（聽介）喝道之聲．漸漸近來．索性大唱一唱．

環佩濕．

似月下歸來飛瓊．

左良玉、袁繼咸、黃澍、（冠帶騎馬上）朝中新政教歌舞．江上殘軍試鼓鼙．

袁（聽介）咦．將軍貴鎭也教起歌舞來了．

左 軍令嚴肅．民間誰敢．

黃（指介）果然有人唱曲．

左（立聽介）

蘇（大唱介）

那更．香霧雲鬟．清輝玉臂．廣寒仙子也堪並．惟願取年年此日．人月雙清．

左（怒介）目下戒嚴之時．不遵軍法．半夜唱曲．快快鎖拏．

小卒（打下門拿出蘇跪馬前介）

左（問介）方纔唱曲．就是你麼．

蘇 是．

左 軍令嚴肅．你敢如此大膽．

蘇 無可奈何．冒死唱曲．只求老爺饒恕．

袁 聽他所說．像是醉話．

黃 唱的曲子．倒是絕調．

左 這人形跡可疑．帶入帥府．細細審問．

合　操江夜入武昌門．雞犬寂寥似野村．三更忽遇擊筑人．無故悲歌必有因．（牽他錦襠）

（作到府介）

左（讓袁黃介）就請下楊荒署．共議軍情．

袁黃　怎好攪擾．

（同入坐介）

袁　方纔唱曲之人．倒要早早發放．

左　正是（吩咐介）帶過那個唱曲的來．

卒（帶蘇跪介）

左（問介）你把犯法情由．從實說來．

蘇　小人來自南京．特投元帥．因無門可入．故意犯法求見元帥之面的．

左　唗．該死奴才．還不實說．

黃　不必動怒．叫他說．要見元帥．有何緣故．

蘇　京中事．似霧昏．朝朝報仇搜黨人．現將公子侯郎．挐向囹圄困．望舊交．懷舊恩．替新朝．削新忿．——（鎖南枝）

左　那侯公子．是俺世交．既來求救．必有手書．取出我瞧．

蘇（叩頭介）那日阮大鋮．親領校尉．立挐送獄．那裏寫得及書．

袁　憑你口說．如何信得．

左（想介）有了．俺幕中有侯公子一個舊人．煩他一認．便知眞假．（吩咐介）請柳相公出來．

四小軍（應介）

柳敬亭（上）肉朋酒友．問俺老柳．待我認來．（點燭認介）呀．原來是蘇崑生．我的盟弟．

（各掩淚介）

左 果然認的麼．

柳 他是河南蘇崑生．天下第一個唱曲的名手．誰不認的．

左（喜介）竟不知唱曲之人倒是一個義士．（拉起介）請坐請坐．

蘇（各揖坐介）

柳 你且說侯公子爲何下獄．

蘇 爲他是東林黨．

復社羣．

曾將魏崔門戶分．

小阮思報前仇．

老馬沒分寸．

三山街．

緹騎狠．

驟飛來．

似鷹隼．——（鎖南枝）

把侯公子捉入獄內．音信不通．俺沒奈何．冒死求救．幸虧將軍不殺．又得遇著柳兄．（揖介）只求長兄懇央元帥．早發救書．也不枉俺一番遠來．

左（氣介）袁黃二位盟弟．你看朝事如此．可不恨死人也．

袁　不特此也．聞的舊妃童氏．跋涉尋來．馬阮不令收認．另藏私人．預備釆選．要圖椒房之親．豈不可殺．

黃　還有一件．崇禎太子．七載儲君．講官大臣．確有證據．今欲付之幽囚．人人共憤．皆思寸磔馬阮．以謝先帝．（註三）

左（大怒介）我輩戮力疆場．只爲報效朝廷．不料信用奸黨．殺害正人．日日賣官鬻爵．演舞教歌．一代中興之君．行的總是亡國之政．只有一箇史閣部頗有忠心．被馬阮內裏掣肘．卻也依樣葫蘆．賸俺單身隻手．怎去恢復中原．（跌足介）罷．罷．罷．俺沒奈何．竟做要君之臣了．（揖袁介）臨侯替俺修起參本．

袁　怎麼樣寫．

左　你只痛數馬阮之罪便了．

袁　領教．

柳（送紙筆介）

袁（寫介）

朝廷上．用逆臣．公然棄妃囚嗣君．報讎翻案紛紛．正士皆逃遁．尋冶容．教豔品．賣官爵．筆難盡．——（鎖南枝）

（寫完介）

左 還要一道檄文．借重仲霖起稿罷．（揖介）

黃 也是這樣做麼．

左　你說俺要發兵進討．叫他死無噍類．

柳　該．該．

左　你前言勸俺不可前進．今日爲何又來贊成．

柳　如今是弘光皇帝了．彼一時也．此一時也．

左　是．是．俺左良玉乃先帝老將．先帝現有太子．是俺小主．那馬阮擅立弘光之時．俺遠在邊方．原未奉詔的．

黃　待俺做來．

柳（送紙筆介）

黃（寫介）

清君側．

走檄文．

雄兵義旗遮路塵．

一霎飛渡金陵．

直抵鳳凰門．

朝帝宮．

謁孝寢．

搜黄閣．

試白刃． ——（鎖南枝）

左（寫完介）就列起名來．（註四）

袁 這樣大事．還該請到新巡撫何騰蛟求他列名．（註五）

左 他爲人固執．不必相聞．竟寫上他罷了．

袁黄（列名介）

左 今夜謄寫停當．明早飛遞投送．俺隨後也就發兵了．

袁 只怕遞鋪誤事．

左 爲何．

袁 京中匿名文書．紛紛雨集．馬阮每早令人搜尋．隨得隨燒．並不過目．

左 如此只得差人了．

黄 也使不得．聞得馬阮密令安慶將軍杜弘域．築起坂磯．久有防備我兵之意．此檄一到．豈肯干休．那差去之人．便死多活少了．

左　這等怎處.

柳　倒是老漢去走走罷.(註六)

袁黃(驚介)這位柳先生.竟是荆軻之流.我輩當以白衣冠送之.

柳　這條老命甚麼希罕.只要辦的元帥事來.

左(大喜介)有這等忠義之人.俺左崑山要下拜了.(喚介)左右取一杯酒來.

小軍(取酒介)

左(跪奉柳酒介)請盡此杯.

柳(跪飲乾介)

(衆拜柳.柳答拜介)

擎杯酒.

拭淚痕.

荆卿短歌聲自呑.

夜半攜手叮嚀.

滿座各消魂.

何日歸.

無處問。夜月低。春風緊。——（鎖南枝）

（各掩淚介）

柳（向蘇介）借重賢弟。暫陪元帥。俺就束裝東去了。

蘇　只願救取公子。早早出獄。那時再與老哥相見罷。

（俱作別介）

柳（先下）

左　義士。義士。

袁黃　壯哉。壯哉。

渺渺煙波夜氣昏。一樽酒盡客消魂。從來壯士無還日。眼看長江下海門。

（註一）據吳梅村楚兩生行。蘇崑生在左良玉幕中似頗久。侯朝宗並無入獄事。蘇之謁左。並不因侯。此齣情節。作者虛搆耳。

（註二）所唱者。琵琶記中秋翫月曲文也。楚兩生行云。『憶昔將軍正全盛。江樓高會誇名勝。生來索酒倚長歌。中天明月軍聲靜。』云亭選琵琶此曲。正罩取梅村詩中情景。

（註三）太子童妃兩案始末詳第三十二齣註二註三。

（註四）左兵東犯。慫恿最力者爲黃澍。而袁繼咸則匡救不及耳。今據史文紀其實。明史左良玉傳云。『……良玉之起由侯恂。恂。故東林也。馬士英阮大鋮用事。慮東林倚良玉爲難。謾語修好。而陰忌之。築坂磯爲西防。良玉歎曰。今西何所防。殆防我耳。會朝事日非。監軍御史黃澍挾良玉勢。面觸馬阮。既返。遣緹騎逮澍。良玉留澍不遣。澍與諸將日以淸君側爲請。良玉躊躇不應。亡何。有北來太子事。澍借此激衆以報己怨。召三十六營大將與之盟。良玉反意乃決。傳檄討馬士英。自漢口達蘄州。列舟二百餘里。……』明史袁繼咸傳云。『……福王立南京。頒詔武昌良玉不拜詔。繼咸致書言倫序正。良玉乃拜受詔。繼咸入朝。……密奏曰。「左良玉雖無異圖。然所部多降將。非孝子順孫。陛下初登大寶。人心危疑。意外不可不慮。」……會湖廣巡按御史黃澍劾奏士英十大罪。士英擬旨逮治澍。澍與良玉謀。陰諷將士大譟。欲下南京索餉。繼咸爲留江漕十萬石餉十三萬金給之。且代澍申理。以良玉依仗澍爲言。士英不得已。免逮澍。……會都下又有僞太子之事。良玉爭不得。遂與士英猜有隙。繼咸疏言。「太子眞僞。非臣所能懸揣。眞則望行良玉言。僞則不妨從容審處……」疏未達。良玉已反……』據此可見此事主動實惟黃澍。而袁繼咸並未與聞。此云袁黃列名。殊非事實。袁黃二人品格相去懸絕。（詳第三十四齣註一）此書等量齊觀之。亦非是。

（註五）何騰蛟。字雲從。山陰人。以崇禎十六年十月任湖廣巡撫。後翊佐永歷。固守湖湘。封中湘王。順治五年正月兵敗。不屈死。

（註六）柳敬亭爲左良玉奉使南京。確有其事。但非爲傳淸君側之檄耳。吳偉業撰柳敬亭傳云。『……阮司馬大鋮。生舊識也。與左郄而新用事。生還南中。請左曰「見阮云何」左無文書。即令口報阮以捐棄攻嫌圖國事。生歸對如寧南指。且結約還報……』又黃宗羲撰柳敬亭傳云。『……嘗奉命至金陵。是時朝中皆畏寧南。聞其使人來。莫不傾動加禮。宰執以下。俱使之南面上坐。稱「柳將軍」……』案。此當爲甲申冬或乙酉春事。

第三十二齣　拜壇

『久矣泥塗書亥字。凄其衰白感丁年。誰憐靈武麻鞵叟。老向空山拜杜鵑。』

潘次耕贈錢飲先詩。

時間　明崇禎十八年乙酉三月十九日。

地點　一、南京太常寺。

二、南京雞鵝巷馬士英寓所。

人物　老贊禮——副末。

馬士英——淨。

楊文驄——末.
史可法——外.
執事官——雜.
阮大鋮——副淨.
長班——雜.

布景　太常寺內.設祭案香爐燭臺.
備用物　帛二.爵三.笏.祭文.燎爐.

老贊禮（冠帶白鬚上）

眼看他——
命運差.
河北新房一半塌.
承繼箇兒郎貪戲耍.
不報寃讎不掙家.
窩裏財——
奴亂抓.——（吳小四）

在下是太常寺一箇老贊禮——住在神樂觀旁.事管廟陵祭享之事.那知天翻地覆.立了這位新爺.把俺南京重新興旺起來.今歲乙酉.改曆建號之年.家家慶賀.我老漢三杯入肚.只唱這箇隨心令兒——旁人勸我道.「各人自掃門前雪.莫管他人屋上霜.」我回言道.「大風吹倒梧桐樹.也要旁人話短長.」(喚介)孩子們.今日是三月十幾日.

內　三月十九日了.

贊　呵呀.三月十九日.乃崇禎皇帝忌辰.奉旨在太平門外設壇祭祀(註一)派著我當執事的.怎怎就忘了.快走.快走.(走介)

岡岡巒巒接接連連.

竹竹松松密密叢叢.

不覺已到壇前.且喜百官未到.待俺趁早鋪設起來.

(作排案供香花燭酒介)

馬士英、楊文驄(素服從人上)

舊江山.

新圖畫.

暮春煙景人瀟灑.
出城市.遍野桑麻.
哭甚麼舊主升遐.
告了箇遊春假.

史可法(素服上)這纔去

野哭江邊奠杯斝.
揮不盡血淚盈把.
年時此日問蒼天——
遭的什麼花甲.——(普天樂)

(相見各揖介)

馬　今日乃思宗烈皇帝升遐之辰.禮當設壇祭拜.

楊　正是.

史(問介)文武百官到齊不曾.

贊　俱已到齊了.

馬　就此行禮。
（贊禮執事官捧帛爵介）
贊　執事官各司其事。陪禮官就位。代獻官就位。
（各官俱照班排立介）
贊　瘞毛血。迎神。參神。伏俯。興。伏俯。興。伏俯。興。伏俯。興。平身。
（各行禮完立介）
贊　行奠帛禮。陞壇。
馬（秉笏至神位前介）
贊　搢笏。獻帛。奠帛。
馬（跪奠帛叩介）
贊　平身出笏。詣讀祝位。跪。
馬（跪介）
贊　讀祝。
贊（跪讀介）維歲次乙酉年。三月十九日。皇從弟嗣皇帝——由崧。謹昭告於思宗烈皇帝曰。仰惟文德克承。武功載纘。御極十有七年。皇綱不振。大宇中傾。皇帝殉社稷。皇后太子俱死君父之難。弟愚不才。忝顏偷生。俯順臣民之請。正位南都．權爲宗廟神人主．慟一人之升遐．懲百僚之怠傲．努力廟謨．惴惴憂懼．枕戈飲泣．誓復中原．今值賓天忌辰．敬設壇壝．遣官代祭．鑒茲追慕之誠．歆此蘋蘩之獻．尚饗．

贊　舉哀．

（各官哭三聲介）

贊　哀止．伏俯．興．復位．

馬（轉下介）

贊　行初獻禮．陞壇．

馬（至神位前介）

贊　搢笏．獻爵．奠爵．

馬（跪奠爵叩介）

贊　平身．出笏．復位．

贊　行亞獻禮．終獻同．

贊　徹饌．送神．伏俯．興（四拜同）

（各官依贊拜完立介）

贊　讀祝官．捧祝．進帛官．捧帛．各詣瘞位．

贊（各官立介）望瘞
雜（焚祝帛介）
贊禮畢．
史（獨大哭介）

萬里黃風吹漠沙．
何處招魂魄．
想翠華——
守枯煤山幾枝花．
對晚鴉——
江南一半殘霞．
是當年舊家．
孤臣哭拜天涯．
似村翁歲臘．

似村翁歲臘．——（朝天子）

贊　老爺們哭的不慟．俺老贊禮忍不住要大哭一場了．（大哭一場下）

阮大鋮（素服大叫上）我的先帝呀．我的先帝呀．今日是你週年忌辰．俺舊臣阮大鋮趕來哭臨了．（拭眼問介）祭過不曾．

馬　方纔禮畢．

阮（至壇前急四拜哭白介）先帝．先帝．你國破身亡．總喫虧了一夥東林小人．如今都投了北朝．臏下我們幾箇忠臣——今日還想著來哭你．你爲何至死不悟呀．（又哭介）

馬（拉介）圓老．不必過哀．起來作揖罷．

阮（拭眼各見介）

史（背介）可笑可笑．（作別介）請了．

煙塵三里路．

魑魅一班人．

（下）

馬　我們皆是進城的．就並馬同行罷．（作更衣上馬行介）幕閉

合　奠瓊漿．

哭壇下．
失聲相向誰眞假．
千官散．一路喧譁．
好趁著景美天佳．
閒講些興亡話．
詠歸去恰似春風浴沂罷．
何須問江北戎馬．
南朝舊例儘風流．
只愁春色無價．——（普天樂）

雜（喝道介）
馬 已到鷄鵝巷．離小寓不遠．請過荒園同看牡丹何如．
楊 小弟還要拜客．就此作別了．
（別下）
阮 待晚生趨陪罷．

（作到下馬介）（幕開）

布景　馬士英後花園——牡丹盛開。

備用物　桌席一。酒壺。酒杯。本章．檄文。

馬　請進。

阮　晚生隨行。

（馬前阮後入園介）

阮　果然好花。

馬（吩咐介）速擺酒席。我們賞花。

雜（擺酒席介）

馬阮（更衣坐飲介）

馬（大笑介）今日結了崇禎舊局。明日恭請聖上臨御正殿。我們一朝天子一朝臣了。

阮　連日在江上。不知朝中有何新政。

馬　目下假太子王之明（註二）正在這裏商量發放。圓老有何高見。

阮　這事明白易處。

馬　怎麼易處。

阮　老師相權壓中外者。只因擁戴二字。

馬　是是。

阮　既因擁戴二字——

若認儲君眞不差。

把俺迎來主。

放那搭。

馬　是是。就著監禁起來。不要惑亂人心。（問介）還有舊配童氏。哭訴朝門。要求迎爲正后。這何以處之。（註三）

阮　這益發使不得。

自古君王愛館娃。

繫臂紗。

先須采選來家。

替椒房作伐。

馬　是是。俺已采選定了。這箇童氏。自然不許進宮的。（又問介）那些東林復社。捕挐到京。如何審問。

阮　這班人天生是我們寃對。豈可容情。

切莫剪草留芽。

但搜來盡殺。

但搜來盡殺。——（朝天子）

馬(大笑介)有理。有理。老成見到之言。句句合著鄙意。掔大杯來。歡飲三杯。

班役（持本急上稟介）寧南侯左良玉有本章一道。封投通政司。這是內閣揭帖。送來過目。

馬(接介)他有什麼好本。（看本怒介）呀呀。了不得就是參咱們的疏稿。這疏內數出咱七大罪。(註四)叫聖上立賜處分。好恨人也。

雜（又持文書急上）還有公文一道。差人賫來的。

馬(接看驚介)又是討俺的一道檄文。文中罵的著實不堪。還要發兵前來。取咱的首級。這卻怎處。

阮（驚起亂抖介）怕人。怕人。別的有法。這却沒法了。

馬　難道長伸頷頸。等他來割不成。

阮　待俺想來。（想介）沒有別法。除是調取黃劉三鎮。早去堵截

馬　儻若北兵渡河。叫誰迎敵。

阮（向馬耳介）北兵一到．還要迎敵麽．
馬　不迎敵．更有何法．
阮　只有兩法．
馬　請教．
阮（作搊衣介）跑．（又作跪地介）降．
馬　說的也是．大丈夫烈烈轟轟．寧可叩北兵之馬．不可試南賊之刀．吾主意已決．卽發兵符．調取三鎭便了．（想介）且住．調之無名．三鎭未必肯去．這却怎處．
阮　只說左兵東來．要立潞王監國．三鎭自然著忙的．
馬　是是．就煩圓老親去一遭．
合　發兵符．
乘飛馬．
過江速勸黃劉駕．
舟同共濟．舵同挐．
纔保得性命身家．

非是俺魂驚怕．
怎當得百萬精兵從空下．
頃刻把城闕攻打．
全憑鐵鎖斷長江．
拉開强弩招架．——（普天樂）

阮　辭過老師相．晚生卽刻出城了．
馬　且住．還有一句密話．（附耳介）內閣高弘圖姜曰廣．左袒逆黨．俱已罷職了．那周鑣雷縯祚．留在監中．恐爲內應．趁早處決何如．
阮　極該．極該．
馬　（拱介）也不送了．
（竟下）
阮　（出）
雜　（稟介）那箇傳檄之人．還拏在這裏．聽候發落．
阮　沒有甚麼發落．拏送刑部請旨處決便了．（上馬欲下介）（尋思介）且不要孟浪．我看黃劉三鎭．也非左兵敵手．萬一斬了來人．日後難於挽回．（

喚介）班役你速到鎮撫司。拜上馮老爺。將此傳檄之人。用心監候。

雜（應下）

阮　幾乎誤了大事。（上馬速行介）

江南江北事如麻。
半倚劉家半阮家。
三面和棋休打算。
西南一子怕爭差。

（註一）南疆繹史云『乙酉三月十九日。思宗忌辰。王于宮中舉哀。百官于太平門外設壇遙祭。以東宮二王祔祭。』

（註二）僞太子事。爲南朝一大疑案。左兵之來以此、南都之亡亦即以此。今依南疆繹史明季南略兩書撮舉其始末及時日。

乙酉年二月廿九日。鴻臚寺少卿高夢箕密奏先帝皇太子自北來。遣內臣蹤蹟之。

三月初一日。內臣自杭州送北來太子至京。駐興善寺。遣太監李承芳盧九德等審眎。還報。夜五鼓。移至錦衣衞都督馮可京邸舍。

初二日。御武英殿。命府部九卿科道及前東宮講官中允劉正宗李景濂少詹事方拱乾等審視太子眞僞。問答有歧。大學士王鐸直叱爲假。再命嚴究主使之人。久之。自供爲王之明。故駙馬都尉王昺姪孫。曾侍衞東宮。家破。南奔高夢箕家。丁穆虎教之詐稱太子。

初三日．下王之明中城兵馬司獄．
初九日．命百官會審王之明高夢箕丁穆虎於午門外．
初十日．黃得功抗疏爲太子訟寃．
十五日．再審．左都御史李沾喝令將王之明上桚．案遂定．
二十三日．劉良佐抗疏爲太子訟寃．並及童妃事．
二十八日．左良玉抗疏爲太子訟寃．
四月初二日．何騰蛟抗疏爲太子訟寃．
十六日．袁繼咸抗疏謂左良玉舉兵東下．請赦太子以遏止之．
（註三）童妃之獄與太子獄先後發生．南疆繹史記其事云．「童氏爲福王繼妃．生子已六歲矣．南渡後．王迎鄴太妃而不召妃．妃乃自陳於官．巡按陳潛夫以聞．王不報．劉良佐會同撫臣越其杰假儀衛送至京．王不悅．訶之爲妖婦．即命付錦衣衞監候．妃從獄中自書入宮年月及亂離情事甚晣．王又弗顧．已而命嚴刑拷訊．血肉狼籍．妃初則徙跣詛駡．旣則直聲呼號．宛轉於地下者不三日而死．」
（註四）左疏見明季南略

第三十三齣　會獄（註一）

囹圄裏．
竟是瀛洲翰苑．
——本詞．

時間　明福王二年乙酉三月。
地點　南京獄中。
人物　侯朝宗——生。
陳貞慧——末。
吳應箕——小生。
柳敬亭——丑。
獄官——淨。
四校尉——雜。
周仲馭——雜。
雷介公——雜。
布景　獄中。
備用物　手扭。手牌。繩鎖。標子。提燈。
侯朝宗（敝衣愁容上）
宮槐古樹閱滄田。
掛寒烟。

倚頹垣.

末後春風.

纔綠到幽院.

兩箇知心常步影.

說新恨.

向誰借酒錢.

小生侯方域.被逮獄中.已經半月.只因證據無人.暫羈候審.幸虧故人聯牀.頗不寂寞.你看月色過牆.照的槐影迷離.不免虛庭一步.

碧澄澄月明滿天.

淒慘慘哭聲一片.

牆角新鬼帶血來分辯.

我與他死同讎.

生同冤.

黑獄裏半夜作白眼.——(忒忒令)

獨立多時。忽然毛髮直豎。好怕人也。待俺喚醒陳吳兩兄。大家閒話。（喚介）定兄醒來。（又喚介）次兄睡熟了麽。

陳吳（揉眼出介）

陳　這時月高斗轉。爲何獨行空院。閒將露痕蹋徧。

吳　愁懷且捐。萬語千言望誰憐。——（尹令）

（見介）侯兄怎的還不安歇。

侯　我想大家在這黑獄之中。三春鶯花。半點不見。只有明月一輪。還來相照。豈可捨之而睡。

陳　是。是。是同去步月一回。（行介）

侯　寃聲滿獄。鋃鐺夜徽纏。三人步月。

身輕若飛仙.
閒消自遣.
莫說文章賤.
從來豪傑.
都向此中磨煉.
似在棘圍鎖院.
分簾校賦篇.——(品介)

柳(枷鎖上)(註二)戎馬不知何處避.賢豪半向此中來.我柳敬亭.被挐入獄.破題兒第一夜.便覺難過.(歎介)噯.方纔睡下.又要出恭.這箇裙帶兒沒人解.好苦也.(作蹲地聽介)那邊有人說話.像是侯相公聲音.待我看來.(起看驚介)竟是侯相公(喚介)你是侯相公麼.

侯(驚認介)原來柳敬亭.

陳吳　柳敬亭.爲何也到此中.

柳(認介)陳相公.吳相公.怎麼都在裏邊.(舉手介)阿彌陀佛.這也算佛殿奇逢了.

侯　難得難得.大家坐地談談.(同坐介)

合 便他鄉遇故．
不算奇緣．
這牆隔著萬重深山．
撞見舊時親眷．
渾忘身累．
笑看月圓．
卻也似武陵桃洞．
卻也似武陵桃洞．
有避亂秦人．
同話漁船．——（豆葉黃）

侯 且問敬老．你犯了何罪．枷鎖連身．如此苦楚．

柳 老漢不曾犯罪．只因相公被逮入獄．蘇崑生遠至楚南懇求解救．那左帥果然大怒．連夜修本參著馬阮．又發了檄文一道．托俺傳來．隨後要發兵進討．馬阮害怕．自然放出相公去的．

寧南兵變．料無能將檄傳．探湯蹈火咱情願．也只爲文士遭譴．白頭志高窮更堅．渾身枷鎖吾何怨．助將軍除暴解寃．助將軍除暴解寃．

侯　竟不知敬亭吃虧．乃小生所累．崑生遠去求救．益發難得．可感．可感．

陳　雖如此說．只怕左兵一來．我輩倒不能苟全性命．

吳　正是．寧南不學無術．如何肯救．

（皆長吁介）

獄官（執手牌）

校尉四人（點燈提繩急上）

獄官　四壁寃魂滿．三更獄吏尊．刑部要人．明早處決．快去綁來．

校尉　該綁那箇．

獄官　牌上有名．（看介）逆黨二名．周鑣．雷縯祚．（註三）

校尉（執燈．照侯陳吳柳面介）不是．不是．

獄官（喝介）你們無干的．各自躲開．

獄官（領校尉急下）

陳（悄問介）綁那箇．

吳　聽說要綁周鑣．雷縯祚．

侯　嚇死俺也．

柳　我們等著瞧瞧．

獄官（執牌前行）

校尉（背綁二人赤身披髮急拉下）

侯（看呆介）

陳　果然是周仲馭．雷介公．他二位．

吳　這是我們的榜樣了．

侯　演著明夷卦．

東林事盡翻．正人慘害天傾陷．片紙飛來無人見．三更縛去加刑典．教俺心驚膽顫．

合　黑地昏天．這樣收場難免．——（江兒水）

侯（問柳介）我且問你．外邊還有甚麼新聞．

柳　我來的倉卒．不曾打聽．只見校尉紛紛拏人．

陳吳（問介）還拏那箇．

柳　聽說要拏巡按黃澍．督撫袁繼咸．大錦衣張薇．還有幾個公子．秀才．想不起了．

侯　你想一想．

柳（想介）人多著哩．只記得幾箇相熟的．有冒襄．方以智．劉城．沈壽民．沈士柱．楊廷樞（註四）

陳吳侯　有這許多。
　　俺這裏邊。將來成一箇大文會了。
　　倒也有趣。
合　囼圕裏。竟是瀛洲翰苑。畫一幅文會圖懸。畫一幅文會圖懸。避紅塵一羣謫仙。賞春月。同聽鵑。感秋風。同詠蟬。——（川撥棹）
柳侯　三位相公。宿在那一號裏。
　　都在荒字號裏。

敬老羈在那裏.就在這後面藏字號裏.前後相近.早晚談談.我們還是輭監.敬老竟似重囚了.阿彌陀佛.免了上押床.就算好的狠哩.(作勢介)

陳　高拱手礙不了禮數周全.

柳　曲肱兒枕頭穩便,

吳　只愁今夜裏.

侯　少一箇長爪麻姑搔背眠.

柳　相逢眞似島中仙.

陳　隔絕風濤路八千.

吳　地僻偏宜人嘯傲.

侯　天空不礙月團圓.

(註一)當時下獄者只有陳定生.侯朝宗吳次尾皆逃而免.詳見第二十九齣註一.次尾曾私入獄中護視問周仲馭及定生.見明史次尾本傳.朝宗則未嘗一履獄門.本齣會獄云云.借作波瀾.

並借以點出周偕之遇害耳。
（註二）柳敬亭東下。乃爲左良玉交驩阮大鋮。並非傳檄。見第三十一齣註六。敬亭下獄事全屬虛構。
（註三）周鑣。字仲馭。金壇人。雷縯祚。字介公。太湖人。明史俱有傳。附姜曰廣傳後。二人蓋當時清流中之策士。仲馭聲譽尤高。與張天如齊名。門生徧東南。南都初建。呂大器姜曰廣欲立潞王。周雷實主其謀。馬阮修東林復社之怨。欲一網打盡。借二人以發難。左兵東下。大鋮謂二人實召之。竟不待訊鞫。以中旨賜死獄中。時四月初八日。本書係諸三月。時日微誤。
（註四）冒方二沈楊。皆見前。劉城。字伯宗。貴池人。

第三十四齣　截磯

東來處仲無他志。
北去深源有盛名。
　吳梅村揚州
「樓船諸將碧油幢。
一片降旗出九江。
獨有龜年臥吹笛。
暗潮打枕泣篷窗。」

「西興哀曲夜深聞。
絕似南朝汪水雲。
回首岳侯墳下路。
亂山何處葬將軍。」

梅村贈蘇崑生(四首之一)

時間　明崇禎十八年乙酉四月。
地點　江西九江鎮坂磯。
人物　蘇崑生——淨。
黃得功——末。
黃卒——衆雜。
左良玉——小生。
左兵。——雜。
黃澍——末。
袁繼咸——外。

布景　幕外

蘇崑生(上)　南北割成三分鼎。

江湖挑動兩支兵.

咱家蘇崑生——爲救侯公子.激的左兵東來.約了巡按黃澍.巡撫何騰蛟.同日起馬.今日船泊九江.早已知會督撫袁繼咸.齊集湖口.共商入京之計.誰知馬阮聞信.調了黃得功在坂磯截殺.你看狼煙四起.勢頭不善.少爺左夢庚前去迎敵.俺且隨營打探.正是.地覆天翻日.龍爭虎鬬時.

(下)幕開

布景　長江沿岸.場上設弩台架礮鐵鎖闌江.

備用物　雙鞭.白旗.船二.塘報鞭鈴.辰砂碗.香案.香爐.燭臺.劍.

黃得功(戎裝雙鞭領軍卒上)

北征南戰無休.

鄰國蕭牆盡讎.

架礮指江州.

打舳艫捲甲倒走.——(三臺令)

咱家黃得功.表字虎山.一腔忠憤.蓋世威名.要與俺弘光皇帝.收復這萬里山河.可恨兩劉無肘臂之功.一左爲腹心之患.今奉江防兵部尚書阮老爺兵牌.

調俺駐札坂磯．堵截左寇．這也不是當要的．（喚介）家將田雄何在．

田　有．

黃　速傳大小三軍聽俺號令．

（軍卒排立吶喊介）

黃　硬邦邦敢要君的渠首．
亂紛紛不服王的羣寇．
軟弱弱沒氣色的至尊．
鬧喧喧爭門戶的同朝友．
只賸咱一營江山守．
正防著戰馬北來驟．
忽報樓船——
已入浦口．
貔貅．
飛旌旗控上游．

戈矛.

傳烽煙截下流.——(山坡羊)

黃卒(登臺介)

左兵(白旗白衣吶喊駕船上)

黃卒(截射介)

左兵(敗回介)(註一)

黃卒(趕下)

左良玉戎裝白盔素甲坐船上

替奸臣復私讎的桀紂.

媚昏君上排場的花醜.

投北朝學叩馬的夷齊.

吠唐堯聽使喚的三家狗.

拚著俺萬年名遺臭.

對先帝一片心堪剖.

忙把儲君來寃苦救．不羞．做英雄到盡頭．難收．烈轟轟東去舟．——（山坡羊）

俺左良玉領兵東下．只爲剪除奸臣．救取太子．叵耐兒子左夢庚．借此題目便要攻打城池．妄思進取．俺已嚴責再三．只怕亂兵引誘．將來做出事來．且待度過坂磯．慢慢勸他．

蘇（急上）報元帥．不好了．黃得功截殺坂磯．前部先鋒．俱各敗回了．

左（驚介）有這等事．黃得功也是一條忠義好漢．怎的受馬阮指撥．只知擁戴新主．竟不念先帝六尺之孤．豈不可恨．（喚介）左右快看巡按黃老爺．巡撫何老爺．船泊那邊．請來計議．

雜（應下）

黃澍（上）將帥隨談塵．風塵指義旗．

下官黃澍方纔泊船。恰好元帥來請。（作上船介）

左（見介）仲霖果然到來。巡撫何公如何不見。

澍　行到半途。又回去了。（註二）

左　爲何回去。

澍　他原是馬士英同鄉。

左　隨他罷了。這也怪他不得。（問介）目下黃得功截住坂磯。三軍不能前進。如何是好。

澍　這箇可慮。且待袁公到船。再作商量。

袁繼咸（從人上）

孽子含寃天慘淡。

孤臣舉義日光明。（註三）

來此是左帥大船。左右通報。

雜（稟介）督撫袁老爺到船了。

左　快請。

袁（上船見介）適從武昌回署。整頓兵馬。願從鞭弭。

澍　目下不能前進了。

袁　爲何。
左　黄得功領兵截殺。先鋒俱已敗回。
袁　事已至此。欲罷不能。快快遣人游說便了。
左　敬亭已去。無人可遣。奈何。
蘇　晚生與他頗有一面。情願效力。
謝　崑生義氣。不亞敬亭。今日正好借重。
左　（問介）你如何說他。
蘇　俺只說鷸蚌持。
漁人候。
旁觀將利收。
英雄舉動——
要看前和後。
故主恩深。
好爵自受。

欺他子．
害他妃．
全忘舊．
殺人只落血雙手．
何必前來．
同室爭鬬．——（五更轉）

袁　說得有理．

左　還要把俺心事．講箇明白．叫他曉得——奸臣當殺．太子當救．完了兩椿大事．於朝廷一塵不驚．於百姓秋毫無犯．爲何不知大義．妄行截殺．

澍　正是．那黃得功一介武夫．還知報效．俺們倒肯犯上作亂不成．叫他細想．

蘇　是．是．俺就如此說去．

報卒（急上）報元帥．九江城內．一片火起．袁老爺本標人馬．自破城池了．

袁（驚介）怎麼俺的本標人馬自破城池．這了不得．

左（怒介）豈有此理．不用猜疑．這是我兒左夢庚做出此事．陷我爲反叛之臣．罷了．罷了．有何面目．再向江東．（拔劍欲自刎介）

澍（抱住介）

左（握袁手注目介）臨侯．臨侯．我負你了．（作嘔血倒倚上介）

蘇（喚介）元帥甦醒．元帥甦醒．

袁 竟叫不應了．這怎麼處．

澍 想是中惡．快取辰砂灌下．

蘇（取碗灌介）牙關閉緊．灌不進了．

衆（哭介）

大將星．
落如斗．
旗杆摧舵樓．
殺場百戰精神抖．
凛凛堂堂．
一身甲冑．
平白的牖下亡．

全身首．
魂歸故宮煤山頭．
同說艱辛．
君啼臣吼．（註四）——（五更轉）
雜（抬左下）
袁　元帥已死．本鎮人馬．霎時潰散．那左夢庚據住九江．叫俺進退無門．儻若黃兵搶來．如何逃躲．
澍　我們原係被逮之官．今又失陷城池．挐到京中．再無解救．不如轉回武昌．同著巡撫何騰蛟．另做事業去罷．
袁　有理．
袁澍（急下）（註五）
蘇（呆介）你看他們竟自散去單賸我蘇崑生一人．守著元帥屍首．好不可憐．不免點起香燭．哭奠一番．（設案點香燭哭拜介）
氣死英雄人盡走．
撇下了空船柩．

俺是箇招魂江邊友。

沒處買一杯酒。——（註六）（哭相思）

且待他兒子奔喪回船。收殮停當。俺纔好辭之而去。如今只得耐性兒守著。正是

英雄不得過江州。

魂戀春波起暮愁。

滿眼青山無地葬。

斜風細雨打船頭。

（註一）左兵之敗。據明史黃得功傳。乃在良玉死後。其子夢庚仍率兵東犯。爲得功所敗。非燒掠九江以前事也。時得功駐師荻港。破夢庚於銅陵。其地亦非坂磯。

（註二）明史何騰蛟傳云。『良玉舉兵反。邀騰蛟偕行。不可。則盡殺城中人以劫之。士民爭匿其署中。騰蛟坐大門縱之入。良玉破垣舉火。避難者悉焚死。騰蛟急解印付家人。令速走。將自剄。爲良玉部將擁去。良玉欲與同舟。不從。乃置之別舟。以副將四人守之。舟次漢陽門。乘間躍入江水。漂十餘里。漁舟救之起。』據此。可知何雲從對於良玉之反。始終未嘗徇從。本書乃以之與黃澍並列。且謂同行將到九江。半途折回。殊非事實。似此幾令讀者疑雲從爲首鼠兩端之人矣。內中黃澍說『他原是馬士英同鄉』一語。中含譏諷。尤非所宜。

（註三）南疆繹史袁繼咸傳云。『僞太子事起。士英大鋮欲借之以起大獄。盡誅正人。流傳洶洶。

良玉疏爭不納。繼咸疏言「太子眞僞。非臣所能懸揣。眞則望行良玉言。僞則不妨從容審處。多召東宮舊臣辨識。以解中外之疑」。疏未達良玉已起兵。時闖賊敗。方逼漢沔。左兵欲避寇。無名。黃澍因說良玉淸君側。惡救太子。乙酉四月良玉遂傳檄數士英罪。部署三十六總兵而東。初繼咸聞闖賊南渡。令其部將郝效忠鄧林奇等守九江。自統副將汪碩畫李士元等援吉安。甫登舟而聞左兵且至。九江士民大恐。環泣留繼咸。乃爭移諸將家口入城以繫兵心。列兵城外拒戰。士民皆言我兵十不及三。激之禍不測。若俟良玉至。諭之以理。且令諸將斂兵入守。相機而動。繼咸曰。入城示之弱。不可。而裨將郝效忠不待令。隨移其家口入城矣。良玉抵北岸。書來。願握手一別。爲太子死。繼咸至其舟。言及太子事。良玉大哭。袖出太子密諭。劫諸將盟。繼咸正色曰。「先帝舊恩不可忘。今上新恩亦不可負。密諭從何來。公今以檄行之。是仇國也。請改爲疏。」良玉不得已。約不破城。從之。駐軍候旨。成禮而別。繼咸歸。集諸將城樓。涕泣曰。「兵諫非正也。晉陽之甲。春秋所惡。我可同亂乎。當與諸君共城守以俟朝命。」而兩營諸將有相通者。左營竊入縱火。袁營張世勳郝效忠夜半斬門出。良玉兵士遂入城劫財物。掠婦女。繼咸度不能制。冠帶欲自盡。黃澍入署泣拜曰。「寧南無異圖。公以一死激成之。大事去矣。」副將李士春密白繼咸。「隱忍到前途。王文成之事可圖也。」繼咸乃止。出城欲面責之。時良玉疾已劇。望城中火光。大哭曰。「我負臨侯矣。」嘔血數升而死。』據此。則袁臨侯始終不肯附和良玉甚明。本書所演。一若臨侯爲主動有力之人。殊屬誤謬。要之何袁當時對於北來太子皆嘗抗疏營救。皆以此爲馬阮所嫉。此事實也。其與左良玉平時能委曲相處。良玉待之皆有相當的敬禮。亦事實也。至於晉陽之甲。兩人實皆持堅決反抗態度。不知云亭何故作此等點汚之筆。

（註四）桃花扇以左史黃並列爲三忠——末齣云。『雖整乾坤左史黃。』第三十七齣評語云。『南朝三忠。史閣部心在明朝。左寧南心在崇禎。黃靖南心在弘光。此論非是。史黃雖無功可紀。

然其人實可敬。左則安能與比。良玉在崇禎朝。擁兵養賊。跋扈已久。所謂「忠於崇禎」者安在。其東犯之動機。實在避闖寇。而黃澍獻策以救太子淸君側爲名。澍固藉以報復。良玉亦正好利用耳。云亭於良玉非惟無貶詞。如哭主齣及此處乃反極力爲之摹寫忠義。蓋東林諸人素來袒護良玉。淸初文士皆中於其說。——吳梅村詩『東來處仲無他志』。卽此種輿論之代表。——云亭亦爲所誤耳。

(註五)左夢庚旣爲黃得功所敗。時淸兵已下泗州。逼儀徵。夢庚及黃澍遂陰迎降。袁繼咸孤舟避蘆葦中。夢庚刼之去。入淸營。不屈死。事詳南疆繹史袁繼咸傳。澍與繼咸。一降一死。薰蕕判然。兩人皆無回武昌依何騰蛟事。不知云亭何故作此顢頇之筆。

(註六)吳梅村贈蘇崑生詩云『樓船諸將碧油幢。一片降旗出九江。獨有龜年夜吹笛。暗潮打枕泣篷窗』。據此。則良玉東犯夢庚北降時。崑生確在左軍中。

第三十五齣　誓師

造次分旌節。
安危作棟梁。
諸公咸倚重。
吾意獨徬徨。
　吳日千詩。

時間　明崇禎十八年乙酉四月廿四日。

地點　揚州梅花嶺。

人物　史可法。

家丁——丑。

小卒——四雜。

中軍——末。

三將。——淨。副淨。丑

布景　幕外

備用物　白氈大帽。提鐙。

史可法（白氈大帽便服上）

兩年吹角列營。每日調馬催征。軍逃客散鬢星星。恨壓廣陵城。——（賀聖朝）

下官史可法——日日經略中原。究竟一籌莫展。那黃劉三鎭。皆聽馬阮指使。移鎭上江。堵截左兵。丢下黃河一帶。千里空營。忽接塘報。本月二十一日北兵已入淮境。本標食糧之人。不足三千。那能抵擋得住。這淮揚一失。眼見京師難保。豈不完了明朝一座江山也。（註二）可惱。可惱。俺且私步城頭。察看情形。再作商量。

家丁（提小鐙隨行上城介）

悄上城頭危徑。

更深人睡醒。

樓烏頻叫。

擊柝連聲。

女牆邊。側耳聽。

（聽介）

內（作怨介）北兵已到淮安。沒箇瞎鬼兒問他一聲。只捨俺幾箇殘兵。死守這坐揚州。如何守得住。元帥好沒分曉也。

史（點頭自語介）你們那裏曉得。

萬里倚長城。

揚州父子兵。

（又聽介）

內　（作恨介）罷了．罷了．元帥不疼我們．早早投了北朝．各人快活去．爲何儘著等死．

史　（驚介）呵呀．竟想投降了．這怎麼處．

　他降字兒橫胸．

守字兒難成．

這揚州．賸了一分景．

（又聽介）

內　（作怒介）我們降不降．還是第二著．自家殺搶殺搶．跑他娘的．只顧守到幾時呀．

史　咳．竟不料情形如此．

聽說猛驚．

熱心冰冷．

疾忙歸夜點兵．

不待明．——（二犯江水兒）

（忙下）幕開

布景　山林景
備用物　令箭．旗幟儀衞．砲．鼓．燭臺．
內（掌號放礮作傳操介）
小卒四人（上）今乃四月二十四日．(註二)不是下操的日期．爲何半夜三更．梅花嶺
放砲．快去看來．（急走介）
中軍（持令箭提鐙上）
隔江雲陣列．
連夜羽書飛．
（呼介）元帥有令．大小三軍．速赴梅花嶺聽侯點卯．
衆（排列介）
史（戎裝旗引登壇介）
月升鴟尾城吹角．
星散旄頭帳點兵．
中軍何在．
中軍　有．
史　目下北信緊急．淮城失守．這揚州乃江北要地．儻有疎虞．京師難保．快傳五

中軍　營四哨．點齊人馬．各照汛地晝夜嚴防．敢有倡言惑衆者．軍法從事．
得令．（傳令向內介）元帥有令．三軍聽者——各照汛地晝夜嚴防．敢有
倡言惑衆者．軍法從事．
內（不應）
史　怎麼寂然無聲．（吩咐中軍介）再傳軍令．叫他高聲答應．
中軍（又高聲傳介）
內（不應）
史　仍然不應．著擊鼓傳令．
中軍（擊鼓又傳介）
內（又不應）
史　分明都有離畔之心了．（頓足介）不意天意人心．到如此田地．（哭介）
皇天列聖．
高高呼不省．
闌珊殘局．
賸俺支撐．

奈人心俱瓦崩．

俺史可法．好苦命也．（哭介）

協力少良朋．

同心無弟兄．

只靠你們三千子弟．誰料今日呵——

都想逃生．

漫不關情．

讓江山．倒像設著筵席請．

（拍胸介）史可法．史可法．平生枉讀詩書．空談忠孝．到今日其實沒法了．（哭介）

哭聲祖宗．

哭聲百姓．

（大哭介）

中軍（勸介）元帥保重．軍國事大．徒哭無益也．（前扶介）你看淚點淋漓．把戰袍都濕透了．（驚介）咦．怎麼一陣血腥．快點燈來．

雜（點燈照介）呵呀．渾身血點．是那裏來的．
史（拭目介）都是俺眼中流出來．

哭的俺一腔血．
作淚零．

中軍（叫介）大小三軍．上前看來．——咱們元帥哭出血淚來了．
衆將（上）（看介）果然都是血淚．（俱跪介）
淨　嘗言．「養軍千日．用軍一時．」俺們不替朝廷出力．竟是一夥禽獸了．
副淨　俺們貪生怕死．叫元帥如此難爲．那皇天也不祐的．
丑　百歲無常．誰能免的一死．只要死到一箇是處．罷．罷．罷．今日捨著狗命．要替
元帥守住這座揚州城．
中軍　好好．誰敢再有二心．俺便挐送轅門．聽元帥千殺萬剮．
史（大笑介）果然如此——本帥便要拜謝了．（拜介）
中軍（扶住介）不敢．不敢．
史　衆位請起．聽俺號令．
衆（起介）

史（吩咐介）你們三千人馬。一千迎敵。一千內守。一千外巡。

衆　是。

史　上陣不利。守城。

衆　是。

史　守城不利。巷戰。

衆　是。

史　巷戰不利。短接。

衆　是。

史　短接不利。自盡。

衆　是。

史　你們知道——從來降將無伸膝之日。逃兵無回頸之時。（指介）那不良之念。再莫横胸。無恥之言。再休掛口。纔是俺史閣部結識的好漢哩。

衆　是。

史　既然應允。本帥也不消再囑。（指介）大家歡呼三聲。各回汛地去罷。

衆（吶喊三聲下）

史（鼓掌三笑）妙妙。守住這座揚州城。便是北門鎖鑰了不怕煙塵四面生.
江頭尙有亞夫營.
模黏老眼深更淚.
賺出淮南十萬兵.

（註一）南疆繹史史可法傳云『……左良玉發兵犯闕.南都戒嚴.福王手書召可法督諸軍渡江入援.可法言北勢日迫.請留諸鎭兵迎敵.親往諭良玉.要與俱西.不可.詔且切責.于是合諸軍倍道入.抵浦口.將入朝面陳.士英等懼.揚言可法且爲內應.遂弗許.時淸兵已入亳州.下天長.援將侯方巖全軍敗沒.盱眙降.徐泗飛書告急.復召可法還揚援泗.敵渡江.晝夜兼行.及抵泗.守將李遇春已舉城叛.可法退保揚州.俄報徐州破.降將李成棟引兵而南.攻揚州新城.可法方在舊城.急檄防河諸鎭赴援.總兵李栖鳳張天祿皆不應.尋拔營叛.惟左都督劉肇基副總兵乙邦才莊子固與樓挺等各引所部至.可法乃率揚州知府任民育……等晝夜分兵陴嚴守……』本齣所演.卽此時事.

（註二）揚州陷於四月二十五日.此云廿四日誓師.時日微誤.又淸兵陷淮泗在十五日以前.前文云『本月二十一日北兵入淮境.』亦微誤.

第三十六齣　逃難

三月桃花四月葉.

已報北兵屯六合．
宮車塞上行．
塞馬江東獵．
桃葉沒桃根．
殘英委白門．
相逢冶城下．
猶有六朝魂．
顧亭林桃葉．

時間　明崇禎十八年乙酉五月十日．
地點　一、長江沿岸．
二、南京秦淮河媚香樓．
人物　弘光帝——小生．
二監——雜．
二宮女——雜．
馬士英——淨．
馬士英姬妾——老旦．小旦．

亂民——雜。
阮大鋮——副淨。
亂民——雜。
楊文驄——末。
從人二——雜。
寇白門——小旦。
鄭妥娘——丑。
沈公憲——外。
張燕筑——淨。
藍瑛——小生。
李香君——旦。
蘇崑生——淨。

布景　長江沿岸

備用物　宮燈二。馬鞭。車輛。木棍。行囊。擔挑行李。紗帽。鬚髯。

弘光帝（便服騎馬。二監二宮女挑鐙引上）

聽三更漏催。

聽三更漏催．
馬蹄輕快．
風吹蠟淚宮門外．

咱家弘光皇帝．只因左兵東犯．移鎭堵截．誰知河北人馬．乘虛渡淮．目下圍住揚州．史可法連夜告急．人心皇皇．都無守志．那馬士英阮大鋮躱的有影無蹤．看來這中興寶位．也坐不穩了．千計萬計．走爲上計．方纔騎馬出宮．卽發兵符一道．賺開城門．但能走出南京．便有藏身之所了．

趁天街寂靜．
趁天街寂靜．
飛下鳳凰臺．
難撇鴛鴦債．

（喚介）嬪妃們走動著．不要失散了．

似明駝出塞．
似明駝出塞．

琵琶在懷．

珍珠偸灑．——（香柳娘）

（急下）

馬士英（騎馬急上）

報長江鎖開．

報長江鎖開．

石頭將壞．

高官賤賣沒人買．

下官馬士英．五更進朝．纔知聖上潛逃．俺爲臣的．也只得偸溜了．

快微服蛋度．

快微服蛋度．

走出雞鵝街．

隄防饑人害．

（倒指介）那一隊嬌嬈．十車細軟．便是俺的薄薄宦囊．不要叫饑家搶奪了去．（

姬妾（騎馬。夫役推車數輛上）來了。來了。
　　喚介）快快走動。
馬　好好——
　　要隨身緊帶。
　　要隨身緊帶。
　　殉棺貨財。
　　貼皮恩愛。——（香柳娘）
　　（繞場行介）
亂民數人（持棒上）（喝介）你是奸臣馬士英——弄的民窮財盡。今日馱著婦
　　女裝著財帛。要往那裏跑。早早留下。（打馬倒地剝衣搶婦女財帛下）
阮大鋮（騎馬上）
　　戀防江美差。
　　戀防江美差。
　　殺來誰代。

兵符擲向空江瀨。

今日可用著俺的跑了。但不知貴陽相公。還是跑。還是降。（作遇馬絆馬足介）呵呀。你是貴陽老師相。爲何臥倒在地。

馬（哼介）跑不得了。家眷行囊。俱被亂民搶去。還把學生打倒在地。

阮 正是。晚生的家眷行囊。都在後面。不要也被搶去。

受千人笑罵。

受千人笑罵。

積得些金帛。

娶了些嬌艾。

待俺回去迎迎。

亂民（持棒擁婦女擡行囊上）這是阮大鋮家的家私——方纔搶來。大家分開罷。

阮（喝介）好大膽的奴才。怎敢搶截我阮老爺的家私。

亂民 你就是阮大鋮麼。來的正好——（一棒打倒剝衣介）饒他狗命。且到雞鵝巷褲子襠。燒他房子去。（俱下）

馬 腰都打壞。爬不起來了。

阮　晚生的臂膊挫傷。也奉陪在此。

合　歎十分狠狽。
歎十分狠狽。
村拳共捱。
雞肋同壞。——（香柳娘）

楊文驄（冠帶騎馬從人挑行李上）下官楊文驄——新陞蘇淞巡撫。今日五月初十出行吉日。束裝起馬。一應書畫古玩。暫寄媚香樓。托了藍田叔隨後帶來。俺這一肩行李。倒也爽快。

從人（稟介）請老爺趲行一步。

楊　爲何。

從人　街上紛紛傳說——北信緊急。皇帝宰相。今夜都走了。

楊　有這等事。快快出城。（急走介）（馬驚不前介）這也奇了。爲何馬驚不走。（喚介）左右看來。

從人（看介）地下兩箇死人。

馬阮（呻吟介）哎喲。哎喲。救人。救人。

楊　還不曾死．看是何人．

從人（細認介）好像馬阮二位老爺．

楊（喝介）胡說．那有此事．（勒馬看驚介）呵呀．竟是他二位．（下馬拉介）了不得．怎麼到這般田地．

馬　被些亂民搶劫一空．僅留性命．

阮　我來救取．不料也遭此難．

楊　護送的家丁．都在何處．

馬　想也乘機拐騙．四散逃走了．

楊（喚介）左右快快扶起．取出衣服．與二位老爺穿好．

從人（與馬阮穿衣介）

楊　幸有閒馬一匹．二位疊騎．連忙出城罷．

從人（扶馬阮上馬摟腰行介）請了．

無衣共凍眞師友．

有馬同騎好弟兄．（註一）

馬阮（下）

從人　老爺不可與他同行．怕遇著讎人．累及我們

楊　是是．（望介）你看一夥亂民．遠遠趕來．我們早些躲過．（作避路旁介）

寇白門鄭妥娘（披髮走上）

正清歌滿臺．

正清歌滿臺．

水裙風帶．

三更未歇輕盈態．

（見楊介）你是楊老爺．爲何在此．

楊（認介）原來是寇白門鄭妥娘．你姊妹二人．怎的出來了．

寇　正在歌臺舞殿．忽然酒罷鐙昏．內監宮妃．紛紛亂跑．我們不出來．還等什麼哩．

楊　爲何不見李香君．

鄭　俺三箇一同出來的．他脚小走不動．僱了箇轎子．擡他先走了

楊（問介）果然朝廷出去了麼．

寇　沈公憲張燕筑．都在後邊．他們曉得眞信．

沈公憲（披衣抱鼓板上）

張燕筑（科頭提紗帽鬚髯跑上）

笑臨春結綺．笑臨春結綺．擒虎馬嘶來．排著管絃待．（見楊介）久違楊老爺了．

楊　（問介）爲何這般慌張．

沈　老爺還不知麼——北兵殺過江來．皇帝夜間偷走了．

楊　你們要向那裏去．

張　各人回家瞧瞧．趁早逃生．

鄭　俺們是不怕的．回到院中．預備接客．

楊　此等時候．還想接客．

鄭　老爺不曉的．——兵馬營裏．纔好掙錢哩．

這笙歌另賣．這笙歌另賣．

隋宮柳衰．
吳宮花敗．——（香柳娘）

沈張寇鄭（俱下）

楊　他們親眼看見聖上出宮．這光景不妥了．快到媚香樓．收拾行李．趁早回鄉罷．（行介）

看逃亡滿街．
看逃亡滿街．
失迷君宰．
百忙難出江關外．

幕閉

（作到介）幕開

布景　媚香樓．

備用物　鼓．板．包裹．

這是李家院門．（下馬急敲門介）開門．開門．

藍瑛（急上）又是那箇叫門．（開門見介）楊老爺爲何轉來．

楊　北信緊急，君臣逃散，那蘇淞巡撫也做不成了。

整琴書襆被，
整琴書襆被，
換布韈靑鞋，
一隻扁舟載。

藍　原來如此，方纔香君回家，也說朝廷偷走，（喚介）香君快來。

香（上見楊介）楊老爺萬福。

楊　多日不見，今朝匆匆一敍，就要遠別了。

香　要向那廂去。

楊　竟回徽鄉貴陽去也。（註二）

香（掩淚介）侯郎獄中未出，老爺又要還鄉，撇奴孤身，誰人照看。

楊　如此大亂，父子亦不相顧的。

這情形緊迫，
這情形緊迫，
各人自裁。

誰能攜帶．——(香柳娘)

蘇崑生(急上)將軍不惜命．皇帝已無家．

我蘇崑生自湖廣回京．誰知遇此大亂．且到院中打聽侯公子信息．再作商量．

俺匆忙轉來．

俺匆忙轉來．

故人何在．

旌旗滿眼乾坤改．

來此已是．不免竟入．(見介)好呀．楊老爺在此．香君也出來了．侯相公怎的不見．

楊　侯兄不曾出獄來．

香　師父從何處來的．

蘇　俺爲救侯郎．遠赴武昌．不料寧南暴卒．俺連夜回京．忽聞亂信．急忙尋到獄門．只見封鎖俱開．

衆囚徒四散．

衆囚徒四散。

三面網全開。

誰將秀才害。

香（哭介）師父快快替俺尋來。

楊（指介）

望煙塵一派。

望煙塵一派。

拋妻棄孩。

團圓難再。

（向香介）好。好。好。有你師父作伴。下官便要出京了。（喚介）藍田老收拾行李。

藍 同俺一路去罷。

小弟家在杭州。怎能陪你遠去。

楊 既是這等。待俺換上行衣。就此作別便了。（換衣作別介）

萬里如魂返。

三年似夢遊。

（作騎馬雜挑行李隨下）

香　（哭介）楊老爺竟自去了。只有師父。知俺心事。前日累你千山萬水。尋到侯郎。不想奴家進宮。侯郎入獄。兩不見面。今日奴家離宮。侯郎出獄。又不見面。還求師父可憐。領著奴家各處找尋則箇。

蘇　侯郎不在院中。自然出城去了。那裏找尋。

香　定要找尋的。

便天涯海崖。

便天涯海崖。

十洲方外。

鐵鞋踏破三千界。

藍　只要尋著侯郎。俺纔住脚也。西北一帶。俱是兵馬。料他不能渡江。若要找尋。除非東南山路。

香　就去何妨。

望荒山野道。

望荒山野道。

山境似天臺．三生舊緣在．

蘇　你既一心要尋侯郎．我老漢也要避亂．索性領你前往．只不知路向那走．

藍　（指介）那城東棲霞山中．人跡罕到．大錦衣張瑤星先生．棄職修仙．俺正要拜訪爲師．何不作伴同行．或者姻緣湊巧．亦未可知．

蘇　妙．妙．大家收拾包裹．一齊出城便了．

（各背包裹行介）

香　捨煙花舊寨．捨煙花舊寨．情根愛胎．何時消敗．——（香柳娘）

蘇　前面是城門了．怕有人盤詰．

藍　快快趁空走出去罷．

香　奴家脚痛．也說不得了．

香行路難時淚滿腮．

蘇　飄蓬斷梗出城來．
藍　桃源洞裏無征戰．
香　可有蓮華並蒂開．

（註一）馬阮後皆入浙．依方國安王之仁．敗壞浙局．此文從省．

（註二）楊文驄仍赴蘇松巡撫任．與淸兵相持．敗後走蘇州．淸使黃家鼒往蘇招降．文驄殺之．走處州．唐王立．拜兵部右侍郎．提督軍務．圖復南京．明年（丙戌）七月．援衢州．敗．被禽．不屈死．事詳明史本傳．桃花扇頗獎借龍友．乃不錄其死節事．而誣以棄官潛逃．不可解．

第三十七齣　劫寶（註一）

好似波斯樣．
職貢朝天．
思將奇貨擎雙掌．
——本詞．

時間　明崇禎十八年乙酉五月．
地點　安徽蕪湖．
人物　黃得功——末．

田雄——副淨。
報卒——雜。
弘光帝——小生。
太監韓贊周——丑。
軍卒——雜。
劉良佐——淨。
劉澤清——丑。

布景　轅門。

備用物　塘報鞭鈴。馬鞭。雙鐵鞭。巡夜梆鈴。弓矢。包裹。雨傘。劍。

黄得功（戎裝田雄隨上）

目斷長江奔放。
英雄萬里愁長。
何時歡飲中軍帳。
把弓矢付兒郎。——（西地錦）

俺黄得功——坂磯一戰。嚇的左良玉膽喪身亡。賸他兒子左夢庚。據住九江。

烏合未散．俺且駐紮蕪湖．防其北犯．

報卒（上）報．報．報．北兵連夜渡淮．圍住揚州．南京震恐．百姓奔逃了．

黃　那鳳淮兩鎮．現在江北．怎不迎敵．

報卒　聞得兩位劉將軍．也到上江．堵截左兵．鳳淮一帶．千里空營．

黃（驚介）這怎麼處．（喚介）田雄．你是俺心腹之將．快領人馬．去保南京．

司馬威權．

夜發兵符．

調鎮移防．

誰知他拆東補西．

露肘捉襟．

明棄淮揚．

金湯．

九曲天險．

只用蓮舟蕩漾．

起煙塵金陵氣暗．怎救宮牆．——（降黃龍）

（下）

弘光帝（騎馬太監韓贊周隨上）

堪傷——

寂寞魚龍．潛泣江頭．乞食村莊．

寡人逃出南京．晝夜奔走．宮監嬪妃．漸漸失散．只有太監韓贊周．跟俺前來．

瘦馬獨行．何處納涼．

這炎天赤日．

昨日尋著魏國公徐弘基——他佯爲不識．逐俺出府．今日又早來到蕪湖．（指介）那前面軍營．乃黃得功駐防之所．不知他肯容留寡人否．

奔忙
寄人廊廡．
只望他容留收養．

（作下馬介）此是黃得功轅門．（喚介）韓贊周．快快傳他知道．

韓（叫門介）門上有人麼．

軍卒（上）是那裏來的．

韓　南京來的．（拉一邊悄說介）萬歲爺駕到了．傳你將軍速出迎接．

軍卒　啐．萬歲爺．怎能到的這裏．不要走來嚇俺罷．

弘光　你喚出黃得功來．便知眞假．

浦江邊．迎鑾護駕．
舊將中郎．——（換頭降黃龍）

軍卒（咬指介）人物不同．口氣又大．是不是．替他傳一聲．（忙入傳介）

黃（慌上）那有這事．待俺認來．（見介）

弘光　黃將軍一向好麼．

黃（認忙跪上）萬歲．萬萬歲．請入帳中．容臣朝見．

韓（扶弘光升帳坐黃拜介）

戎衣拜吾皇．

戎衣拜吾皇．

又把天顏仰．

爲甚私巡．

蕭條鞍馬蒙塵狀．

失水神龍．

風雲飄蕩．

這都是臣等之罪．

負國恩．——

一班相．一班將．——（衮遍）

弘光　事到今日．後悔無及．只望你保護朕躬．

黃（拍地哭奏介）皇上深居宮中．臣好勠力效命．今日下殿而走．大權已失．叫臣進不能戰．退不能守．十分事業．已去九分矣．

弘光 不必著急。寡人只要苟全性命。那黃帝一席。也不願再做了。

黃 呵呀。天下者祖宗之天下。聖上如何棄的。

弘 棄與不棄。只在將軍了。

黃 微臣鞠躬盡瘁。死而後已。

弘光（掩淚介）不料將軍倒是一箇忠臣。

黃（跪奏介）聖上鞍馬勞頓。早到後帳安歇。軍國大事。明日請旨罷。

韓（引弘光入介）

黃 了不得。了不得。明朝三百年國運。爭此一時。十五省皇圖。歸此片土。這是天大的干係。叫俺如何擔承。（吩咐介）大小三軍。馬休解轡。人休解甲。搖鈴擊梆。在意小心著。

衆（應介）

黃（喚介）田雄。我與你是宿衞之官。就在這行宮門外。同臥支更罷。

黃（枕田股執雙鞭臥介）

雜（搖鈴擊梆報更介）

田（悄語介）元帥。俺看這位皇帝。不像享福之器。況北兵過江。人人投順。元帥也要看風行船纔好。

黃　說那裏話．常言．孝當竭力．忠則盡命．爲人臣子．豈可懷揣二心．

內（傳鼓介）

黃（驚介）爲何傳鼓．

（俱起坐介）

雜（上報介）報元帥．有一隊人馬．從東北下來．說是兩鎭劉老爺．要會元帥商議軍情．

黃（起介）好好好．三鎭會齊．可以保駕無虞了．待俺看來．（望介）

劉良佐劉澤清（騎馬領衆上）（叫介）黃大哥在那裏．

黃（喜介）果然是他二人．（應介）愚兄在此．拱候多時了．

佐清（下馬介）哥哥得了寶貝．竟瞞著兩個兄弟麼．

黃　什麼寶貝．

清　弘光呀．

黃（搖手介）不要高聲．聖上安歇了．

佐（悄問介）今夜還不獻寶．等到幾時哩．

黃　獻什麼寶．

清　把弘光送與北朝．賞咱們箇大大王爵．豈不是獻寶麼．

黃（喝介）哇．你們兩箇．要來幹這勾當．我黃闖子怎麼容得．（註二）（持雙鞭打介）

佐清（招架介）
黃（喊介）好反賊．好反賊．
望風便生降．
望風便生降．
好似波斯樣．
職貢朝天．
思將奇貨擎雙掌．
倒戈却君．
爭功邀賞．
頓喪心．
全反面．
眞賊黨．——（衰遍）
佐 不要破口．好好兄弟．何爲廝鬧．
黃 啐．你這狗才．連君父都不識．我和你認什麼兄弟．

（又戰介）

田（在後指介）好箇笨牛。到這箇時候還不見機。（拉弓搭箭介）俺田雄替你解圍罷。（放箭射黃腿）

黃（倒地介）

佐清（大笑介）

田（入內急背出弘光介）

弘光（叫介）韓贊周快快跟來。

內（不應介）

弘光　這奴才竟捨我而去。（手打田臉介）你背俺到何處去。

田　到北京去。

弘光（狠咬田肩介）

田（忍痛介）咬喲。咬殺我也。（丟弘光於地向佐清拱介）皇帝一枚奉送。

佐清（拱介）領謝。領謝。（齊拉弘光袖急走介）

黃（抱住弘光腿叫介）田雄。田雄。快來奪駕。

田（作拉放手介）

佐清（竟拉弘光下）

黃（作爬不起介）怎麼起不來的。

田　元帥中箭了。

黃　那箇射俺的。

田　是我們放箭射賊。誤傷了元帥。

黃　瞎眼的狗才。我且問你。爲何背出聖駕來。

田　俺要護駕逃走的。不料被他搶去。

黃　你與我快快趕上。

田（笑介）不勞元帥吩咐——俺是一名長解子。收拾包裹。自然護送到京的。（背包裹雨傘急趕下）

黃（怒介）呵呀。這夥沒良心的反賊。俺也不及殺你了。（註三）（哭介）蒼天。蒼天。怎知明朝天下。送在俺黃得功之手。

平生驍勇無人擋。

拉不住黃袍北上。

笑斷江東父老腸。——（尾聲）

罷罷罷。除却一死。無可報國。（拔劍大叫介）大小三軍——都來看斷頭將

軍呀。(一劍刎死介)

(註一)南疆繹史黃得功傳云。『……得功方收兵(荻港破左軍後)屯蕪湖。福王蓦然入其營。得功大駭失色。泣曰。「陛下死守京城。臣等猶可盡力。奈何聽奸臣言。倉卒至此。且臣方對敵。安能扈駕。」王亦泣曰。「非卿則誰可仗者。」得功泣曰。「無已。願効死。」先得功戰荻港時。傷臂幾墜。衣葛衣。以帛絡臂。佩刀坐小舟。督麾下八總兵結束迎敵。而劉良佐已歸命。大呼岸上招之降。得功怒叱曰。「汝其降乎。」忽叛將張天祿從良佐後抽矢射中喉偏左。得功知不可爲。擲刀。拾所拔箭。自刺其喉而死。……田雄遂扶福王以降。』據此則射黃靖南者乃張天祿。本書歸諸田雄。殆深惡之而甚其惡耳。

(註二)明史黃得功傳云。『得功每戰。飲酒數斗。酒酣氣益厲。喜持鐵鞭戰。鞭漬血沾手腕。以水濡之。久乃自脫。軍中呼爲「黃闖子」……』

(註三)福王以五月初九出奔。初十薄暮至得功營。得功死節。田雄挾降。在廿一日。前後凡經十二日。本齣演爲兩日事。乃劇場從省略耳。非當時事實。

第三十八齣　沈江(註一)

再來廣陵城。
月明弔溝壑。
嗚呼相公賢。
汗青照鑿鑿。

用兵武侯短。
信國如可作。
——哀史公可法。

四憶堂詩集

時間　明崇禎十八年乙酉五月。
地點　江蘇揚州。
人物　史可法——外。
老贊禮——副末。
柳敬亭——丑。
侯朝宗——生。
陳貞慧——末。
吳應箕——小生。
布景　長江沿岸。
備用物　柳鞭。包裹。帽。袍。靴。包裹三。
史可法(氈笠急上回頭望介)

望烽煙。——

殺氣重．
揚州沸喧．
生靈盡席捲．
這屠戮——
皆因我愚忠不轉．
兵和將．
力竭氣喘．
只落了一堆屍軟．

俺史可法率三千子弟．死守揚州．那知力盡糧絕．外援不至．北兵今夜攻破北城．俺已滿拚自盡．忽然想起明朝三百年社稷．只靠俺一身撐持．豈可效無益之死．捨孤立之君．故此縋下南城．直奔儀眞．幸遇一隻報船渡過江來．（指介）那城闕隱隱．便是南京了．可恨老腿酸軟．不能走動．如何是好．（驚介）呀．何處走來這匹白騾．待俺騎上．沿江跑去便了．（騎騾折柳作鞭介）

跨上白騾韉．

空江野路。
哭聲動九原。
日近長安遠。
加鞭。
雲裏指宮殿。——（錦纏道）

老贊禮（背包裏跑上）
殘年還避亂。
落日更思家。
史（撞倒贊介）
贊　呵喲喲。幾乎滾下江去。（看史介）你這位老將爺。好沒眼色。
史（下騾扶起介）得罪。得罪。俺且問你。從那裏來的。
贊　南京來的。
史　南京光景如何。
贊　你還不知麽——皇帝老子逃去兩三日了。目下北兵過江。滿城大亂。城門都關的。

史（驚介）呵呀．這等去也無益矣．（大哭介）皇天后土．二祖列宗．怎的半邊江山．也不能保住呀．

贊（驚介）聽他哭聲．倒像是史閣部．（問介）你是史老爺麼．

史　下官便是．你如何認得．

贊　小人是太常寺一箇老贊禮——曾在太平門外伺候過老爺的．

史（認介）是呀．那日慟哭先帝．便是老兄了．

贊　不敢．請問老爺．爲何這般狼狽．

史　今夜揚州失陷．纔從城頭縋下來的．

贊　要向那裏去．

史　原要南京保駕．不想聖上也走了．（頓足哭介）

撇下俺斷篷船．丟下俺無家犬．叫天呼地千百遍．歸無路．進又難前．

（登高望介）

那滾滾雪浪拍天．
流不盡湘纍怨．
（指介）有了．有了．那便是俺葬身之地．
勝黃土——
一丈江魚腹寬展．
（看身介）俺史可法亡國罪臣．那容的冠裳而去．（摘帽脫袍靴介）
摘脫下袍靴冠冕．

贊　我看老爺．竟像要尋死的模樣．（拉住介）老爺三思．不可短見呀．

史　你看茫茫世界．留着俺史可法何處安放．

累死英雄．
到此日看江山換主．
無可留戀．——（普天樂）
（跳入江翻滾下）

贊（呆望良久．抱靴．帽．袍服．哭叫介）史老爺呀．史老爺呀．好一箇盡節忠臣．若不遇

著小人。誰知你投江而死呀。（大哭介）

柳敬亭（攙侯朝宗忙上）偷生辭獄吏。

避亂走天涯。

陳貞慧吳應箕（攙手忙上）日日爭門戶。

今年傍那家。

侯（呼介）定兄次兄日色將晚。快些走動。

陳吳 來哉。

柳 我們出獄。不覺數日。東藏西躲。終無棲身之地。前面是龍潭江岸。大家商量。分路逃生罷。

陳 是是。（見贊禮介）你這位老兄。爲何在此慟哭。

贊 俺也是走路的。適纔撞見史閣部老爺投江而死。由不的傷心哭他幾聲。

侯 史閣部怎得到此。

贊 今夜揚州城陷。逃到此間。聞的皇帝已走。跺了跺脚。跳下江去了。

侯 那有此事。

贊（指介）這不是脫下的衣服靴帽麽．
柳（看介）你看衣裳裏面．渾身硃印．
侯　待俺看來．（讀介）「欽命總督江北等處兵馬內閣大學士兼兵部尚書印」（驚哭介）果然是史老先生．（註二）
陳　設上衣冠．大家哭拜一番．
贊（設衣冠介）
衆（拜哭介）
合　走江邊．
滿腔憤恨向誰言．
揮老淚寒風吹面．
孤城一片．
望救目穿．
使盡殘兵血戰．
跳出重圍．

故國苦戀．
誰知歌罷賸空筵．
長江一線．
吳頭楚尾路三千．
盡歸別姓．
雨翻雲變．
寒濤東捲．
萬事付空煙．
精魂顯．
大招聲逐海天遠．——（古輪臺）

侯（拍衣冠大哭介）

柳　閣部盡節．成了一代忠臣．相公不必過哀．大家分手罷．

侯（指介）你看一望煙塵．叫小生從那裏歸去．

陳　我兩人遠道前來．只爲送兄過江．今旣不能北上．何不隨俺南行．

侯　這紛紛亂世．怎能終始相依．倒是各人自便罷．
吳　侯兄主意若何．
侯　我和敬亭商議．要尋一深山古寺．暫避數日．再圖歸計．
贊　我老漢正要向棲霞山去．那邊地方幽僻．儘可避兵．何不同往．
侯　這等極妙了．
陳吳　侯兄既有棲身之所．我們就此作別罷．（拜別介）
傷心當此日．
會面是何年．
陳吳（掩淚下）
侯（問贊介）你到棲霞山中．有何公幹．
贊　不瞞相公說．俺是太常寺一箇老贊禮．只因太平門外．哭奠先帝之日．那些文武百官．虛應故事．我老漢動了一番氣惱——當時約些村中父老．捐施錢糧．趕著這七月十五日．要替崇禎皇帝建一箇水陸道場．不料南京大亂．好事難行．因此攜著錢糧．要到棲霞山上．虔請高僧．了此心願．
柳　好事．好事．
侯　就求攜帶同行便了．

贊　待我收拾起這衣冠靴帽著。

柳　這衣冠靴帽。你要送到何處去。

贊　我想揚州梅花嶺。是他老人家點兵之所。待大兵退後。俺去招魂埋葬。便有史閣部千秋佳城了。

侯　如此義舉。更爲難得。

贊（背袍靴等侯柳隨行介）

山雲變。

江岸遷。

一霎時忠魂不見。

寒食何人知墓田。——（餘文）

贊　千古南朝作話傳。

柳　傷心血淚灑山川。

侯　仰天讀罷招魂賦。

贊　揚子江頭亂暝煙。

（註一）史閣部死節實況。當時傳聞異辭。明史本傳云。『……（四月）二十日。大清兵大至。屯班竹園。明日。總兵李棲鳳監軍副使高岐鳳拔營出降。城中勢益單。諸文武分兵拒守。舊城西門險要。可法自守之。作書寄母妻。且曰。「死。葬我高皇帝陵側。」越二日。大清兵薄城下。礮擊城西北隅。城遂破。可法自刎。不殊。一參將擁可法出小東門。遂被執。可法大呼曰。「我史督師也。」遂殺之。……覓其遺骸。天暑。衆屍蒸變。不可辨識。踰年。家人舉袍笏招魂葬於揚州郭外之梅花嶺。其後四方弄兵者多假其名號以行。故時謂可法不死云。……』明史館諸賢對於此等大事。採訪考證。頗極愼重。所紀載當可信。本書所演「乘白騾」「沈江」諸情節。當時本有此訛傳。李瑤南疆繹史摭本已博徵諸家所記以辨之矣。揚州破於四月二十五日。史公卽以其日遇害。（或言被函經三日）福王之逃。在五月初九日。此皆時日彰彰鑿鑿絕無疑竇者。若如本齣所演『今夜揚州失陷。纔從城頭縋下來。』……『原要南京保駕。不想聖上也走了。』則事隔十三日。（四月小）何從牽合。無稽甚矣。云亭著書在康熙中葉。不應於此等大節目尙未考定。其所採用俗說者。不過爲老贊禮出場點染地耳。但既作歷史劇。此種與歷史事實太違反之紀載。終不可爲訓。

（註二）四憶堂詩哀史公可法云。『……相公控維揚。破竹傷大掠。三鼓士不進。崩角何踊躍。自知事已去。下拜意寬綽。起與書生言。「我受國恩廓。死此分所安。惜不見衞霍。子去覯司徒。幸爲寄然諾。白首謝知己。寸心庶無怍。」……』賈開宗注云。『公守維揚。侯子避難在幕。公語之曰「……可法任兼將相。當死。子書生也。當去。」……』據此。則揚州垂破時。侯朝宗尙在史幕。大約自高傑死後。朝宗與史公相依頗久。本書於其間敍入獄訪樓諸節。皆非事實。

第三十九齣　棲眞

白雲專巨壑．
綠樹羃千谷．
不識靈巖路．
行行轉欲迷．
張瑤星玉氣劍光集．
山中聞鶯．
時間　明崇禎十八年乙酉六月．
地點　南京棲霞山葆眞菴．
人物　蘇崑生——淨．
李香君——旦．
卞玉京——老旦．
老贊禮——副末．
柳敬亭——丑．
侯朝宗——生．
丁繼之——副淨．
布景　山景．場中掛葆眞菴扁．

備用物　草鞋．草笠．樵斧．擔．繩．繡旛．包裹．藥籃．

蘇崑生（同李香君上）

香　一絲幽恨嵌心縫．山高水遠會相逢．挐住情根死不鬆．賺他也做游仙夢．看這萬疊雲白罩青松．原是俺天臺洞．——（醉扶歸）

（嘆介）師父．我們幸虧藍田叔．領到棲霞山來——無意之中．敲門尋宿．偏撞著卞玉京——做了這葆眞菴主．留俺暫住．這也是天緣奇遇．只是侯郎不見．妾身無歸．還求師父．上心尋覓．

蘇　不要性急．你看煙塵滿地．何處尋覓．且待菴主出來．商量箇常住之法．

卞玉京（道妝上）

何處瑤天笙弄．

聽雲鶴縹緲．
玉佩玎玲．
花月姻緣半生空．
幾乎又把桃花種．

香　（見介）草菴淡薄．屈尊二位了．

蘇　多謝收留．感激不盡．正有一言奉告．江北兵荒馬亂．急切不敢前行．我老漢的吹歌．山中又無用處．連日攪擾．甚覺不安．

卞　說那裏話．

舊人重到．
蓬山路通．
前緣不斷．
巫峽恨濃．
連牀且話襄王夢．——（皁羅袍）

蘇　我蘇崑生有箇活計在此——（換鞋笠取斧擔繩索介）趁這天晴。俺要到嶺頭澗底。取些松柴。供早晚炊飯之用。不强如坐喫山空麼。

卞　這倒不敢動勞。

蘇　大家度日。怎好偷閑。（挑擔介）
　　脚下山雲冷。
　　肩頭野草香。

（下）

卞（閉門介）

香　奴家閑坐無聊。何不尋些舊衣殘裳。付俺縫補。以消長夏。

卞　正有一事借重——這中元節。村中男女。許到白雲菴與皇后周娘娘懸掛寶旛。就求妙手。替他成造。也是十分功德哩。

香　這樣好事。情願助力。

卞（取出旛料介）

香　待奴薰香洗手。虔誠縫製起來。（作洗手縫旛介）
　念奴前身業重。
　綁十指箏絃簫孔。

慵線懶針．

幾曾作女紅．

卞　香姐心靈手巧——一捻針線．就是不同的．

香　奴家那曉針線．憑著一點虔心罷了．

仙牕捧．

懺悔儘教指頭腫．

繡出鴛鴦別樣工．——（好姐姐）

（共繡介）

老贊禮柳敬亭背行李領侯朝宗上

侯　避了干戈橫縱．

聽颼颼一路．

澗水松風．

雲鎖棲霞兩三峯．

江深五月寒風送．

贊　這是棲霞山了．你們尋所道院．趁早安歇罷．

侯　這是一座葆眞菴．何不敲門一問．

石牆蘿戶．

忙尋鍊翁．

鹿柴鶴徑．

急呼道童．

仙家那曉浮生慟．——（皁羅袍）

贊（敲門介）

卞（起門介）那箇敲門．

贊　俺是南京來的．要借貴菴暫安行李．

卞　這裏是女道住持．從不留客的．

你看石牆四聳．

盡掩了重門無縫．

修眞女冠．

柳　怕遭俗客閧．
　　我們不比遊方僧道．暫住何妨．
卞　眞經諷．
　　謹把祖師清規奉．
香　處女閨閣一樣同．——（好姐姐）
　　說的有理．比不得在青樓之日了．
卞　這是俺修行本等．不必睬他．且去香廚用齋罷．
（同下）
贊（又敲門介）
侯　他旣謹守清規．我們也不必苦纏了．
贊　前面菴觀尙多．待我再去訪問．
（行介）幕閉
丁繼之（道裝提藥籃上）
　　採藥深山古洞．
　　任芒鞋竹杖．

踏徧芳叢．
落照蒼涼樹玲瓏．
林中笋蕨充清供．

贊（喜介）那邊一位道人來了．待我上前問他．（拱介）老仙長．我們上山來做好事的．要借道院暫安行李．敢求方便一二．

丁（認介）這位相公——好像河南侯公子．

柳　不是侯公子是那箇．

丁（又認介）老兄可是柳敬亭麼．

柳　便是．

侯（認介）呵呀．丁繼老——你爲何出了家也．

丁　侯相公你不知麼．

俺善才遲暮．
羞入舊宮．
龜年疏嬾．
難隨妙工．

辭家竟把仙籙誦。——（皁羅袍）

侯 原來因此出家。

柳 請問主持何山。

丁 前面不遠。有一座采眞觀。便是俺修煉之所。不嫌荒僻。就請暫住何如。

侯 甚好。

贊 二位遇著故人。已有棲身之地。俺要上白雲菴。商量醮事去了。

侯 多謝攜帶。

贊 彼此。

（別介）人間消孽海。天上禮仙壇。

（下）

丁（攜侯柳行介）

跨過白泉。又登紫閣。

雪洞風來。雲堂雨落。

（幕開）

布景　一道溪水。對岸山上有菴——掛采眞菴扁。

備用物　船篙．桃花扇．

侯（驚介）前面一道溪水．隔斷南山．如何過去．

丁　不妨．靠岸有隻漁船．俺且坐船閑話．等箇漁翁到來．央他撐去．不上半里．便是采眞觀了．

（同上船坐介）

柳　我老柳少時在泰州北灣．專以捕漁爲業．這漁船是弄慣了的．待我撐去罷．

侯　妙．妙．

柳（撐船介）

侯（向丁介）自從梳櫳香君．借重光陪．不覺別來便是三載．

丁　正是．且問香君入宮之後．可有消息麼．

侯　那得消息來．（取扇指介）這柄桃花扇．還是我們定盟之物．小生時刻在手．

把他桃花扇擁．

又想起靑樓舊夢．

天老地荒．

此情無盡窮.
分飛猛.
杳杳萬山隔鸞鳳.
美滿良緣半月同.——(好姐姐)
柳 前日皇帝私走.嬪妃逃散.料想香君也出宮門.且待南京平定.再去尋訪罷.
侯 只怕兵馬趕散.未必重逢了.(掩淚介)
丁(指介)那一帶竹籬.便是俺的采眞觀.就請攏船上岸罷.
柳(挽船同上岸介)
丁(喚介)道僮.有遠客到門.快搬行李.
內(應介)
丁 請進.(讓入介)
侯 門裏丹臺更不同.
丁 寂寥松下養衰翁.
柳 一灣溪水舟千轉.
侯 跳入蓬壺似夢中.

第四十齣　入道

張仲長安邸．惟余接膝頻．除書無長物．遺像有嚴親．頗續文昌句．無慚孝友人．明君如賜錦．宮樣判詞臣．

——杜于皇。贈張錦衣。

時間　明福王二年七月十五日。

地點　南京城外白雲庵。

人物　張薇——外．蔡益所——丑．

藍田叔——小生。
老贊禮——副末。
村民——雜。
四道士——雜。
史可法鬼——雜。
左良玉鬼——雜。
黄得功鬼——雜。
馬士英鬼——淨。
雷神——雜。
阮大鋮鬼——副淨。
山神——雜。
夜叉——雜。
卞玉京——老旦。
李香君——旦。
丁繼之——副淨。
侯朝宗——生。

布景　白雲庵內醮堂.

備用物　瓢冠.衲衣.拂子.醮壇三.高竿旛.榜.香爐三.花瓶二.燭臺六.酒壺.紙錢.錠錁.繡旛.鼓.法衣.仙樂器.執爐二.金道冠.織錦法衣.淨水盞.松枝.故明思宗烈皇帝神位.故明甲申殉難文臣之位.故明甲申殉難武臣之位.九梁冠.鶴補朝衣.金帶.朝靴.牙笏.酒盞三.華陽巾.鶴氅.芒鞋.拍木.紙錢.米漿.焰口.長香.金幞頭.朱袍.黃紗帕.幡幢.細樂.金盔甲.紅紗帕.紅旗幟.鼓吹.銀盔甲.黑紗帕.黑旗幟.鼓吹.雷鼓.電鏡.鐵鍊.鋼叉.桃花扇.道冠.道袍.女道冠.道帔.

張薇(瓢冠衲衣持拂上)

世態紛紜.
半生塵裏朱顏老.
拂衣不早.
看罷傀儡鬧.
慟哭窮途.
又發鬨堂笑.

都休了。
玉壺瓊島。
萬古愁人少。——（南點絳脣）

貧道張瑤星。掛冠歸山。便住這白雲菴裏。修仙有分。涉世無緣。且喜書客蔡益所隨俺出家。又載來五車經史。那山人藍田叔也來皈依。替我畫了四壁蓬瀛。這荒山之上。既可讀書。又可臥遊。從此飛昇尸解。亦不算懵懂神仙矣。只有崇禎先帝。深恩未報。還是平生一件缺事。今乃乙酉年七月十五日。廣延道衆。大建經壇。要與先帝修齋追薦。恰好南京一箇老贊禮。約些村中父老。也來搭醮。不免喚出弟子。趁早鋪設。（喚介）徒弟何在。

蔡藍（道裝上）塵中辭俗客。雲裏會仙官。（見介）弟子蔡益所。藍田叔。稽首了。（拜介）

張　爾等率領道衆。照依黃籙科儀。早鋪壇場。待俺沐浴更衣。虔心拜請。正是清齋朝帝座。直道在人心。（下）

蔡藍（鋪設三壇供香花茶果立旛掛榜介）

高築仙壇海日曉。
諸天羣靈俱到。

列星衆宿來朝.
旛影飄飖.
七月中元建醮.——（北醉花陰）
蔡　經壇齋供.俱已鋪設整齊了.
藍（指介）你看山下父老,捧酒頂香.紛紛來也.
老贊禮（領村民男女頂香捧酒挑紙錢錠錁繡旛上.）
擕村醪.
紫降黃檀繡帕包.
（指介）望虛無玉殿.
帝座非遙.
問誰是皇子王孫.
撇下俺村翁鄉老.
（掩淚介）萬山深處中元節.
擎著紙錢來弔.——（南畫眉序）

（見介）衆位道長。我們社友俱已齊集了。就請法師老爺。出來巡壇罷。

蔡藍（向内介）鋪設已畢。請法師更衣。巡壇行灑掃之儀。

（内三鼓介）

四道士（奏仙樂。蔡藍換法衣捧香鑪。張金道冠法衣擎淨盞執松枝巡壇灑掃介。）

合　淨手灑松梢。

清涼露千滴萬點抛。

三轉九迴壇邊繞。

浮塵熱惱全澆。

香燒。

雲蓋飄。

玉座層層百尺高。

響雲璈。

建極寶殿。

改作團瓢。——（北喜遷鶯）

張(下)

蔡藍(向內介)灑掃已畢。請法師更衣。拜壇行朝請之禮。

蔡藍(設牌位正壇。設「故明思宗烈皇帝之位」左壇設「故明甲申殉難文臣之位」右壇設「故明甲申殉難武臣之位」)

內(奏細樂介)

張(九梁朝冠。鶴補朝服。金帶。朝鞋。牙笏上。)

(跪祝介)伏以星斗增輝。快覩蓬萊之現。風雷布令。遙瞻閶闔之開。恭請故明思宗烈皇帝九天法駕。及甲申殉難文臣。東閣大學士范景文。戶部尙書倪元潞。刑部侍郎孟兆祥。協理京營兵部侍郎王家彥。左都御史李邦華。右副都御史施邦耀。大理寺卿凌義渠。太常寺少卿吳麟徵。太僕寺丞申佳胤。詹事府庶子周鳳翔。諭德馬世奇。中允劉理順。翰林院檢討江偉。兵科都給事中吳甘來。巡視京營御史王章。河南道御史陳良謨。提學御史陳純德。兵部郎中成德。吏部員外郎許直。兵部主事金鉉。武臣新樂侯劉文炳。襄城伯李國禎。駙馬都尉鞏永固。協理京營內監王承恩等。伏願彩仗隨車。素旗擁駕。君臣穆穆。指青鳥以來臨。文武皇皇。乘白雲而至止。共聽靈籟。同飲仙漿。

內(奏樂。張三獻酒。四拜介)

老贊禮村民（隨拜介）

張　列仙曹．

叩請烈皇下碧霄．

捨煤山古樹．

解却宮縧．

且享這椒酒松香．

莫恨那流賊闖盜．

古來誰保千年業．

精靈永留山廟．——（南畫眉序）

張（下）

蔡藍（左右獻酒拜介）

老贊禮村民（隨拜介）

蔡藍　虔誠祝禱．

甲申殉節羣僚．

絕粒刎頸恨難消．
墜井投繩志不撓．
此日君臣同醉飽．（北出隊子）

蔡藍（奠酒化財送神歸天）
衆（燒紙牌錢課．奠酒．舉哀介．）
老贊禮　今日纔哭了箇盡情．
衆　我們願心已了．大家吃齋去．（暫下）
蔡藍（向內介）朝請已畢．請法師更衣登壇．做施食功德．（設焰口結高壇介）
內（作細樂介）
張（更華陽巾．鶴氅．執拂子．上拜壇畢．登壇介．）
蔡藍（侍立介）
張（拍案介）竊惟浩浩沙場．畢目見空中之樓閣．茫茫苦海．回頭登岸上之瀛州．念爾無數國殤．有名敵愾．或戰畿輔．或戰中州．或戰湖南．或戰陝右．死於水．死於火．死於刃．死於鏃．死於跌撲踏踐．死於癘疫饑寒．咸望滾榛莽之髑髏．飛風煙之燐火．遠投法座．遙赴寶山．吸一滴之甘泉．津含萬劫．吞盈掬之玉粒．復果千春（撒米．澆漿．焚紙．鬼搶介．）

沙場裏．沙場裏．屍橫蔓草殷血腥．殷血腥．白骨漸槁．可憐風旋雨嘯．望故鄉無人拜掃．餓魄饞魄．來飽這遭．——（南滴溜子）

蔡藍　施食已畢．請法師普放神光．洞照三界．將君臣位業．指示羣迷．

張　這甲申殉難君臣．久已超昇天界了．

蔡藍　還有今年北去君臣．未知如何結果．懇求指示．

張　你們兩廊道衆．齊心肅立．待我焚香打坐．閉目靜觀．

蔡藍（執香低頭侍立介）

張（閉目良久介）（醒向衆介）那北去弘光皇帝及劉良佐．劉澤淸．田雄等．陽數未終．皆無顯驗．

蔡藍（前稟介）還有史閣部．左寧南．黃靖南．這三位死難之臣．未知如何報應．

張　待我看來（閉目介）

史可法鬼（白鬚．幞頭．朱袍．黃紗蒙面．幢幡細樂引上．）吾乃督師內閣大學士兵部尚書史可法．今奉上帝之命．冊爲太淸宮紫虛眞人．走馬到任去也．

左良玉鬼（金盔甲．紅紗蒙面．旗幟鼓吹引上．）俺乃寧南侯左良玉．今奉上帝之命．封爲飛天使者．走馬到任去也．（騎馬下）

黃得功鬼（銀盔甲．黑紗蒙面．旗幟鼓吹引上．）俺乃靖南侯黃得功．今奉上帝之命．封爲遊天使者．走馬到任去也．（騎馬下）

張（開目介）善哉．善哉．方纔夢見閣部史道隣先生．冊爲太淸宮紫虛眞人．寧南侯左崑山．靖南侯黃虎山．封爲飛天游天二使者．一箇箇走馬到任．好榮耀也．

則見他雲中天馬驕．

纔認得一路英豪．

咭叮噹奏著鈞天樂。

又擺些羽葆干旄。

將軍刀。

丞相袍。

掛符牌。

都是九天名號。

好尊榮。

好逍遙。

只有皇天不昧功勞。——（北刮地風）

蔡藍（拱手介）南無天尊。南無天尊。果然善有善報。天理昭彰。（前稟介）還有奸臣馬士英。阮大鋮。這兩箇如何報應。

張　待俺看來。（閉目介）

馬（散髮披衣跑上）我馬士英做了一生歹事。那知結果這台州山中。

雷神（趕淨繞場介）

馬（抱頭跑介）饒命．饒命．
雷（劈死馬剝衣去介）
阮（冠帶上）好了．好了．我阮大鋮走過這仙霞嶺．便算第一功了．（登高介）
山神夜叉（刺阮下跌死介）（註一）
張（開目介）苦哉．苦哉．方纔夢見馬士英．擊死台州山中．阮大鋮跌死仙霞嶺上．一箇箇皮開腦裂．好苦惱也．（註一）

明明業鏡忽來照．
天網恢恢飛不了．
抱頭顱由你千山跑．
快雷車偏會找．
鋼叉又到．
問年來吃人多少腦．
這頂漿兩包．
不彀犬饕．——（南滴滴金）

蔡藍（拱手介）南無天尊．南無天尊．果然惡有惡報．天理昭彰．（前稟介）這兩廊道衆．不曾聽得明白．還求法師高聲宣揚一番．

張（舉拂高唱介）

老贊禮衆村民（執香上立聽介．）

張　衆愚民暗室虧心小．

到頭來幾曾饒．

微功德也有吉祥報．

大巡環睜眼瞧．

前一番．

後一遭．

正人邪黨．

南朝接北朝．

福有因．

禍怎逃．

只爭些來遲到早。——（北四門子）

老贊禮衆（叩頭下）

卞玉京（領香君上）天上人間。爲善最樂。方纔同些女道。在周皇后壇前。掛了寶旛。再到講堂參見法師。

李香君　奴家也好閑遊麼。

卞（指介）你看兩廊道俗。不計其數。瞧瞧何妨。

卞（拜壇介）弟子卞玉京稽首了（起同香君一邊立介）

丁（上）人生難得。大道難聞。（拜壇介）弟子丁繼之稽首了。（起喚介）侯相公這是講堂。過來隨喜。

侯（急上）來了。久厭塵中多苦趣。纔知世界有仙緣。（同立一邊介）

張（拍案介）你們兩廊善衆。要把塵心抛盡。纔求得向上機緣。若帶一點俗情。免不了輪迴千遍。

侯（遮扇看香君驚介）那邊站的是俺香君。如何來到此處。（急上前拉介）

香君（見介）你是侯郎。想殺奴也。

想當日猛然捨拋。
銀河渺渺誰架橋。
牆高更比天際高。
書難捎。
夢空勞。
情無了。
出來路兒越迢遙。

侯（指扇介）看這扇上桃花。叫小生如何報你。看

鮮血滿扇開紅桃。
正說法天花落。——（南鮑老催）

侯香（同取扇看介）

丁（拉侯）下（拉香介）法師在壇。不可只顧訴情了。

侯香（不理介）

張（怒拍案介）呸。何物兒女。敢到此處調情。（忙下壇向侯香手中裂扇擲地介）我這邊

清淨道場．那容的狡童游女．戲謔混雜．

蔡　呵呀．這是河南侯朝宗相公．法師原認得的．

張　這女子是那箇．

藍　弟子認的他．是舊院李香君．原是侯兄聘妾．

張　一向都在何處來．

丁　侯相公．住在弟子采眞觀中．

卞　李香君．住在弟子葆眞菴中．

侯(向張揖介)這是張瑤星先生．前日多承超豁．

張　你是侯世兄．幸喜出獄了．俺原爲你出家．你可知道麼．

侯　小生那裏曉得．

蔡　貧道蔡益所．也是爲你出家．這些緣由．待俺從容告你罷．

藍　貧道是藍田叔．特領香君來此尋你．不想果然遇著．

侯　丁卞二師．收留之恩．蔡藍二師．接引之情．俺與香君世世圖報．

香　還有那蘇崑生．也隨奴到此．

侯　柳敬亭也陪我前來．

香君　這柳蘇兩位不避患難．終始相依．更爲可感．

侯　待咱夫妻還鄉．都要報答的．

張　你們絮絮叨叨．說的俱是那裏話．當此地覆天翻．還戀情根慾鍾．豈不可笑

侯　此言差矣．從來男女室家．人之大倫．離合悲歡．情有所鍾．先生如何管得．

張（怒介）呵呸．兩個癡蟲．你看國在那裏．家在那裏．君在那裏．父在那裏．偏是這點花月情根．割他不斷麼．

堪歎您兒女嬌．不管那桑海變．豔語淫詞太絮叨．將錦片前程．牽衣握手神前告．那知道姻緣簿．久已勾銷．翅楞楞鴛鴦夢醒好開交．碎紛紛團圓寶鏡不堅牢．

羞答答當場弄醜　惹的旁人笑．
明湯湯大路　勸你早奔逃．——（北水仙子）

侯（揖介）幾句話．說的小生．冷汗淋漓．如夢忽醒．
張　你可曉得麼．
侯　弟子曉得了．
張　既然曉得．就此拜丁繼之爲師罷．
侯（拜丁介）
香　弟子也曉得了．
張　既然也曉得．就此拜卞玉京爲師罷．
李香君（拜卞介）
張（吩咐丁卞介）與他換了道扮．
侯香（換衣介）
丁卞　請法師升座．待弟子引見．
張（升座介）
丁（領侯卞領香君拜張介）

芟情苗．

芟情苗

看玉葉金枝凋．

割愛胞．

割愛胞．

聽鳳子龍孫號．

水漚漂水漚漂．

石火敲石火敲．

隮浮生一半．

纔受師敎．——（南雙聲子）

張（指介）男有男境．上應離方．快向南山之南．修眞學道去．

𠍲是．大道纔知是．濃情悔認眞．（註二）

丁（領𠍲從左下）

張（指介）女有女界．下合坎道．快向北山之北．修眞學道去．

香　是．回頭皆幻景．對面是何人．
卞（領香從右下）
張（下座大笑三聲介）

你看他兩分襟．
不把臨去秋波掉．
虧了俺桃花扇扯碎一條條．
再不許癡蟲兒自吐柔絲轉萬遭．
白骨青灰長艾蕭．
桃花扇底送南朝．
不因重做興亡夢．
兒女濃情何處消．

續四十齣　餘韻

「語罷長詩更浮白．

七十年來似疇昔
與君同是避秦人。
不醉春光良可惜。
春非我春。
秋非我秋。
惟有桃花年年開。
溪水年年滿。
爲君酌酒長無愁。」
——顧亭林桃花溪歌。

時間　清順治五年戊子九月。
地點　南京龍潭江畔。
人物　蘇崑生——淨。
柳敬亭——丑。
老贊禮。——副末。
皁隸——副淨。
布景　江畔。一面靠山。

備用物　柴擔。樵斧。船篙。漁竿。漁籠。絃子。酒壺。酒瓢。紅帽。火具。煙筒。煙囊。綠頭籤。紅圈票。

蘇崑生(扮樵子挑擔上)

放目蒼崖萬丈。拂頭紅樹千枝。雲深猛虎出無時。也避人間弓矢。

★　★　★　★

建業城啼夜鬼。維揚井貯秋屍。樵夫賸得命如絲。滿肚南朝野史。——(西江月)

在下蘇崑生——自從乙酉年同香君到山。一住三載。俺就不曾回家。往來牛首棲霞。採樵度日。誰想柳敬亭與俺同志。買隻小船。也在此捕魚爲業。且喜山深樹老。江闊人稀。每日相逢。便把斧頭敲著船頭。浩浩落落。儘俺歌唱。好不快活。今日柴擔早歇。專等他來。促膝閒話。怎的還不見到。(歇擔盹睡介)

柳敬亭（扮漁翁搖船上）
年年垂釣鬢如銀．愛此江山勝富春．歌舞叢中征戰地．漁翁都是過來人．俺柳敬亭——送侯朝宗修道之後．就在這龍潭江畔．捕魚三載．把些興亡舊事．付之風月閒談．今値秋雨新晴．江光似練．正好尋蘇崑生飲酒談心（指介）你看他早已醉倒在地．待我上岸喚他醒來．（作上岸介）（呼介）蘇崑生．

蘇（醒介）大哥果然來了．

柳（拱介）賢弟偏杯呀．

蘇　柴不曾賣．那得酒來．

柳　愚兄也沒賣魚．都是空囊．怎麼處．

蘇　有了．有了．你輸水．我輸柴．大家煑茗清談罷．

老贊禮（提絃攜壺上）
江山江山．一忙一閑．
誰贏誰輸．兩鬢皆斑．

（見介）原來是柳蘇兩位老哥。

蘇柳（拱介）老相公怎得到此。

贊　老夫住在燕子磯邊。今乃戊子年九月十七日——是福德星君降生之辰。我同些山中社友。到福德神祠。祭賽已畢。路過此間。

蘇　爲何挾著絃子。提著酒壺。

贊　見笑。見笑。老夫編了幾句神絃歌。名曰問蒼天。今日彈唱樂神。社散之時。分得這瓶福酒。恰好遇著二位。就同飲三杯罷。

柳　怎好取擾。

贊　這叫做有福同享。

柳蘇　好。好。

（同坐飲介）

蘇　何不把神絃歌。領略一回。

贊　使得。老夫的心事。正要請教二位哩。（彈弦唱巫腔蘇柳拍手襯介）

（問蒼天）新曆數。順治朝。五年戊子。九月秋。十七日。

嘉會良時。擊神鼓。揚靈旗。鄉鄰賽社。老逸民。剃白髮．也到叢祠．椒作楝．桂爲楣．唐修晉建．碧和金．丹間粉．畫壁精奇．貌赫赫．氣揚揚．福德名位．山之珍．海之寶．總掌無遺．超祖禰．邁君師．千人上壽．焚郁蘭．奠清醑．奪戶爭墀．草笠底．有一人．掀鬢長歎．貧者貧．富者富．造命奚爲．我與爾．較生辰．同月同日．囊無錢．竈斷火．不啻乞兒．六十歲．花甲週．桑榆暮矣．亂離人．太平犬．未有亨期．稱玉斝．坐瓊筵．爾餐我看．誰爲靈．誰爲蠢．貴賤失宜．臣稽首．叫九閽．開聾啓瞶．宣命司．檢祿籍．何故差池．金闕遠．紫宸高．蒼天夢夢．迎神來．送神去．輿馬風馳．歌舞罷．雞豚收．須臾社散．倚枯槐．對斜日．獨自凝思．濁享富．清享名．或分兩例．內才多．外財少．應不同規．熱似火．福德君．庸人父母．冷如冰．文昌帝．秀士宗師．神有短．聖有虧．誰能足願．地難塡．天難補．造化如斯．釋盡了。胸中愁。欣欣微笑。江自流。雲自卷。我又何疑。

（唱完放絃介）丢醜之極。

蘇　妙絕。這眞離騷九歌了。

柳　失敬。失敬。不知老相公。竟是財神一轉哩。

贊（讓介）請乾此杯。

蘇（咂舌介）這寡酒好難喫也。

柳　愚兄倒有些下酒之物。

蘇　是什麼東西。

柳　請猜一猜。

蘇　你的東西。不過是些魚鼈蝦蟹。

柳（搖頭介）猜不著。猜不著。

蘇　還有什麼異味。

柳（指口介）是我的舌頭。

贊　你的舌頭。你自下酒。如何讓客。

柳（笑介）你不曉得。古人以漢書下酒。這舌頭會說漢書。豈非下酒之物。

蘇（取酒斟介）我替老哥斟酒。老哥就把漢書說來。

贊　妙．妙．只恐菜多酒少了．

柳　既然漢書太長．有我新編的一首彈詞．——叫做秣陵秋．唱來下酒罷．

贊　就是俺南京的近事麼．

柳　便是．

蘇　這都是俺們耳聞眼見的．你若說差了．我要罰的．

柳　包管你不差．（彈絃介）

六代興亡．幾點清彈千古慨．

半生湖海．一聲高唱萬山驚．

（照盲女彈詞唱介）

（秣陵秋）陳隋煙月恨茫茫．井帶胭脂土帶香．駘蕩柳綿沾客鬢．叮嚀鶯舌惱人腸．中興朝市繁華續．遺孽兒孫氣焰張．只勸樓臺追後主．不愁弓矢下殘唐．蛾眉越女纔承選．燕子吳歈早擅場．力士僉名搜笛步．龜年協律奉椒房．西崑詞賦新溫李．烏巷冠裳舊謝王．院院宮妝金翠鏡．朝朝楚夢雨雲牀.五侯闔外空狠燧.二水洲邊自雀舫.指馬誰攻秦相詐.入林都畏阮生狂.春鐙已錯從頭認.社黨重鈎無縫藏.借手殺讎長樂老.脅肩媚貴半閒堂.龍鍾閣部啼梅嶺.跋扈將軍譟武昌.九曲河流晴喚渡.千尋江岸夜移防.瓊花劫到雕欄損.玉樹歌終畫殿涼.滄海迷家龍寂寞.風塵失伴鳳徬徨.青衣啣璧何年返.碧血濺沙此地亡.南內湯池仍蔓草.東陵輦路又斜陽.全開鎖鑰淮揚泗.難整乾坤左史黃.建帝飄零烈帝慘.英宗困頓武宗荒.那知還有福王一.臨去秋波淚數行.

蘇 妙.妙.果然一些不差.

贊 雖是幾句彈詞.竟似吳梅村一首長歌.

蘇 老哥學問大進.該敬一杯.（斟酒介）

柳 倒叫我喫寡酒了.

蘇　愚弟也有些須下酒之物。

柳　你的東西。一定是山殽野蔌了。

蘇　不是。不是。昨日南京賣柴特地帶來的。

柳　取來共享罷。

蘇（指口介）也是舌頭。

贊　怎的也是舌頭。

蘇　不瞞二位說——我三年沒到南京。忽然高興。進城賣柴。路過孝陵。見那寶城享殿。成了芻牧之場。

柳　呵呀呀。那皇城如何。

蘇　那皇城牆倒宮塌。滿地蒿萊了。

贊（掩淚介）不料光景至此。

蘇　俺又一直走到秦淮。立了半晌。竟沒一箇人影兒。

柳　那長橋舊院。是咱們熟遊之地。你也該去瞧瞧。

蘇　怎的沒瞧。——長橋已無片板。舊院賸了一堆瓦礫。

柳（捶胸介）咳。慟死俺也。

蘇　那時疾忙回首。一路傷心。編成一套北曲。——名爲哀江南。待我唱來。（敲板唱弋陽腔介）俺樵夫呵。——

哀江南。

山松野草帶花挑。

猛抬頭——

秣陵重到。

殘軍留廢壘。

瘦馬臥空壕。

村郭蕭條。

城對着夕陽道。——（北新水令）

野火頻燒。

護墓長楸多半焦。

山羊羣跑。

守陵阿監幾時逃。

鴿翎蝠糞滿堂拋．
枯枝敗葉當階罩．
誰祭掃．
牧兒打碎龍碑帽．——（駐馬聽）
橫白玉八根柱倒．
墮紅泥半堵牆高．
碎琉璃瓦片多．
爛翡翠窗櫺少．
舞丹墀燕雀常朝．
直入宮門一路蒿．
住幾箇乞兒餓殍．——（沈醉東風）
問秦淮舊日窗寮．
破紙迎風．
壞檻當潮．

目斷魂消．
當年粉黛．
何處笙簫．
罷鐙船．端陽不鬧．
收酒旗．重九無聊．
白鳥飄飄．
綠水滔滔．
嫩黃花有些蝶飛．
新紅葉．無箇人瞧．——（折桂令）

你記得跨青谿半里橋．
舊紅板沒一條．
秋水長天人過少．
冷清清的落照．
賸一樹柳彎腰．——（沽美酒）

行到那舊院門何用輕敲.

也不怕小犬哰哰.

無非是枯井頹巢.

不過些磚苔砌草.

手種的花條柳梢——

儘意兒採樵.

這黑灰是誰家廚竈.——（太平令）

俺曾見金陵玉殿鶯啼曉.

秦淮水榭花開早.

誰知道容易冰消.

眼看他起朱樓.

眼看他讌賓客.

眼看他樓塌了.

這青苔碧瓦堆.

俺曾睡風流覺．將五十年興亡看飽．那烏衣巷不姓王．莫愁湖鬼夜哭．鳳凰臺棲梟鳥．殘山夢最眞．舊境丟難掉．不信這輿圖換藁．謅一套哀江南．放悲聲唱到老．——（離亭宴帶歇拍煞）

贊（掩淚介）妙是妙絕．惹出我多少眼淚．

柳　這酒也不忍入唇了．大家談談罷．

皁隸（時服暗上）朝陪天子輦．

暮把縣官門
皁隸原無種。
通侯豈有根。
咱家魏國公嫡親公子——徐青君的便是。生來富貴。享盡繁華。不料國破家亡。賸了區區一口。沒奈何在上元縣當了一名皁隸。將就度日。今奉本官籤票。訪拏山林隱逸。只得下鄉走走。（望介）那江岸之上。有幾個老兒閑坐。不免上前討火。就便訪問。正是
開國元勳留狗尾。
換朝逸老縮龜頭。
（前行見介）老哥們有火借一箇。
柳　請坐。
皁（坐介）
贊（問介）看你打扮像一位公差大哥。
隸　便是。
蘇（問介）要火喫煙麼。小弟有高煙。取出奉敬罷。（敲火吸煙奉隸介）
隸（喫煙介）好高煙。好高煙。（作暈醉臥到介）

蘇（扶介）
隸　不要拉我．讓我歇一歇就好了．（閉目臥介）
柳（問贊介）記得三年之前．老相公捧著史閣部衣冠．要葬在梅花嶺下．後來怎樣．
贊　後來約了許多忠義之士．齊集梅花嶺．招魂瘞葬．倒也算千秋盛事．但不曾立得碑碣．
蘇　好事．好事．只可惜黃將軍刎頸報主．拋屍路旁．竟無瘞葬．
贊　如今好了．也是我老漢．同些村中父老撿骨殯殮．起了一座大大的墳塋．好不體面．
柳　你這兩件功德．却也不小哩．
蘇　二位不知——那寧南氣死戰船時．親朋盡散．却是我老蘇殯殮了他．
贊　難得．難得．聞他兒子左夢庚襲了前程．昨日搬柩回去了．
柳（掩淚介）左寧南是我老柳知己．我曾託藍田叔畫他一幅影像．又求錢牧齋題贊了幾句．逢時遇節．展開祭拜．也盡俺一點報答之意．
隸（醒作悄語介）聽他說話．像幾箇山林隱逸．（起身問介）三位是山林隱逸麼．
衆（起拱介）不敢．不敢．爲何問及山林隱逸．
隸　三位不知麼——現今禮部上本．搜尋山林隱逸．撫按大老爺．張掛告示．布

贊　政司行文已經月餘。並不見一人報名。府縣著忙。差俺們各處訪拏。三位一定是了。快快跟我回話去。

老哥差矣。山林隱逸。乃文人名士。不肯出山的。老夫原是假斯文的。一箇老贊禮那裏去得。

柳蘇　我兩箇是說書唱曲的朋友。而今做了漁翁樵子。益發不中了。

隸　你們不曉得——那些文人名士。都是識時務的俊傑。從三年前俱已出山了。目下正要訪拏你輩哩。

贊　啐。徵求隱逸。乃國家盛典。公祖父母。俱當以禮相聘。怎麼要拏起來。定是你這衙役們。奉行不善。

隸　不干我事。有本縣籤票在此。取出你看。（取看籤票欲拏介）

蘇　果然這事哩。

柳　我們竟走開何如。

贊　有理。

避禍今何晚。

入山昔未深。

（各分走下）

隸（趕不上介）你看他登崖涉澗．竟各逃走無跡．

大澤深山隨處找．
預備官家要．
抽出綠頭籤．
取開紅圈票．
把幾箇白衣山人誆走了．——（清江引）

（立聽介）遠遠聞得吟詩之聲．不在水邊．定在林下．待我信步找去便了．（急下）

內吟詩曰．

漁樵同話舊繁華．
短夢寥寥記不差．
曾恨紅箋啣燕子．
偏憐素扇染桃花．
笙歌西第留何客．
煙雨南朝換幾家．

傳得傷心臨去語。
每年寒食哭天涯。

(註一) 明史奸臣傳云。『……五月三日。福王出走。明日。士英奉王母妃以黔兵四百人爲衞。走浙江。……不數日。大鋮倉皇至。……杭州旣降。士英欲謁監國魯王。魯王諸臣力拒之。乃投嚴州總兵方國安軍。國安。士英同鄉也。……無何。士英國安率衆窺杭州。兵敗。溺江死者無算。士英擁殘兵欲入閩。唐王以罪大不許。明年。大兵勦湖賊。士英與長興伯吳日生俱擒獲。詔俱斬之。……大鋮偕謝三賓等赴江干乞降。從大兵攻仙霞關。僵仆石上死。而野乘載士英遁至台州山寺爲僧。爲我兵搜獲。大鋮國安先後降。尋唐王走順昌。我大兵至搜龍扛。得士英大鋮國安父子請王出關爲內應疏。遂駢斬士英國安於延平城下。大鋮方遊山。自觸石死。仍戮屍云』。

(註二) 侯朝宗並無出家事。順治八年。且應辛卯鄉試。中副貢生。越三年而死。晚節無聊甚矣。年譜謂『當事欲案法公(朝宗)以及司徒公(恂)。有司趨應省試方解』此事容或有之。然朝宗方有與吳梅村書。勸其勿爲「達節」之說所誤。(見壯悔堂文集卷三)乃未幾而身自蹈之。未免其言不怍矣。『南山之南。修眞學道』劇場搬演。勿作事實觀也。